PONS

Wortschatz in BILDERN

Englisch

Neubearbeitung 2022

PONS GmbH
Stuttgart

Neubearbeitung auf der Basis von
Langenscheidt Wortschatz Englisch Bild für Bild

ISBN 978-3-468-20220-9
Kreative Umsetzung und Autoren Beispielsätze:
Arndt Knieper, Martin Waller
Englische Übersetzung: Helen Galloway

1. Auflage 2022 (1,01 – 2022)

www.pons.de
Email: info@pons.de

Projektleitung: Christiane Mackenzie
Design und Layout: zweiband.media, Berlin
Druck und Bindung: Multiprint GmbH, Konstinbrod

ISBN 978-3-12-516283-9

INHALT

EINFÜHRUNG 5

Hinweise zur Aussprache und zur Lautschrift 8

ICH 10

Lebenszyklus 12
Körper 16
Charakter 22
Fühlen & denken 26
Tun & lassen 34
Gesundheit! 44
Kleidung 52

DIE ANDEREN 58

Familie & Freundschaft 60
Im Gespräch 70
Argumente 78
Redewendungen 86
Staat & Politik 90
Gesellschaft & Recht 98
Wirtschaft & Technik 104

MITTEN IM LEBEN 114

Wohnen 116
Einrichtung 126
Bildung 132
Sprache 142
Telefon & Medien 144
Berufe 154
Essen & Trinken 162
Ausgehen 174
Kultur 182
Einkaufen 190
Sport & Hobbys 196

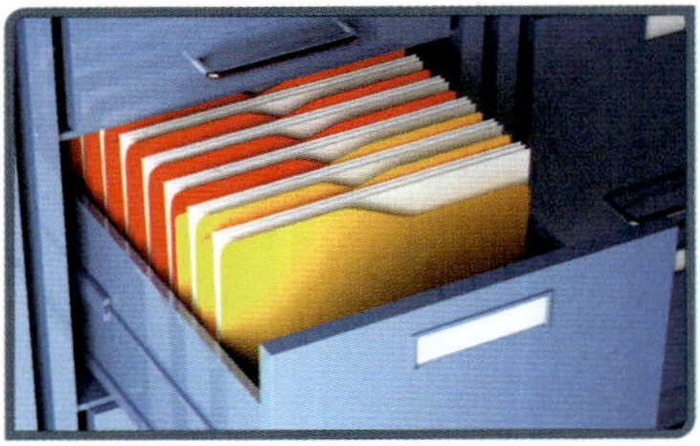

DIE GROSSE WELT — 204

Reisen 206
Länder 212
Verkehr 216
Tiere & Pflanzen 226
Natur & Umwelt 230
Weltall 240

REGISTER — 282

Deutsch 283
Englisch 292

Bildnachweis 302

RAUM & ZEIT — 242

Das Jahr 244
Der Tag 250
In der Zeit 254
Im Raum 260
Farben & Formen 266
Jede Menge 270
Die Zahlen 276

Du willst Spaß beim Lernen haben und nicht nur stur pauken?

Dann ist der PONS Wortschatz in Bildern genau das Richtige für dich. Dieser völlig neu konzipierte Wortschatz garantiert einen höchst vergnüglichen Lernerfolg.

Und das funktioniert so: Schon die Verknüpfung von einprägsamen Bildern mit einem Wort und die Verwendung des Wortes in einem Beispielsatz lassen die Wörter gut in Erinnerung bleiben. Noch besser funktioniert das, wenn es etwas zu lachen gibt. Ein witziger oder ironischer Zusammenhang zwischen Wort, Bild und Beispielsatz wirkt merk-würdig im besten Sinne, und am Ende wirst du feststellen: Du hattest nicht nur viel zu lachen, du hast dir auch viel gemerkt.

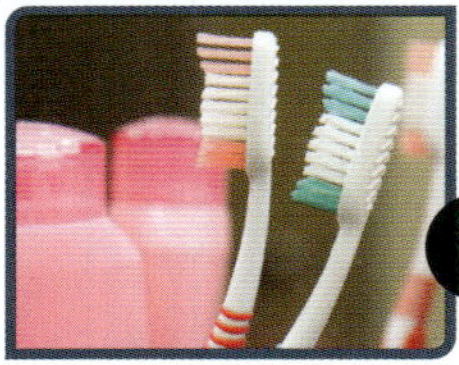

1

the toothbrush
['tu:θbrʌʃ] *n*
die Zahnbürste

The **toothbrush** was a sure sign that she would stay.

Die Zahnbürste war ein sicheres Zeichen: sie würde bleiben.

the hairdryer
['heədraɪə] *n*
der Föhn

You wouldn't think that a humble **hairdryer** could awaken such feelings …

Dass ein einfacher Föhn solche Gefühle wecken kann …

2

the hairbrush
['heəbrʌʃ] *n*
die Haarbürste

the soap
[səʊp] *n*
die Seife

the cream
[kri:m] *n*
die Creme

the toothpaste
['tu:θpeɪst] *n*
die Zahnpasta

❶ Der Wortschatz ist nach fünf großen Lebensbereichen gegliedert und nach Häufigkeit, Aktualität und Gebrauchswert ausgesucht. Die Wörter stehen also in einem thematischen Zusammenhang, was das Lernen noch leichter macht.

❷ Zusätzliche Wortlisten ergänzen und erweitern den Wortschatz.

❸ Zu jedem Wort ist die Wortart, die Aussprache mit der IPA-Lautschrift (siehe Seite 8) und die deutsche Übersetzung angegeben.

❹ Das Stichwort ist zur schnelleren Orientierung in blauer Schrift hervorgehoben. So erkennst du es auch im Beispielsatz sofort.

since
[sɪns] *prep*
seit

Ever **since** the Stone Age, man has been trying to increase his learning.

Seit der Steinzeit versucht der Mensch, sich weiterzubilden.

Das deutsche „seit" wird durch *for* ausgedrückt, wenn es sich auf einen Zeitraum bezieht (*for a month*) und durch *since*, wenn es sich um einen Zeitpunkt, der in der Regel der Anfangspunkt ist, handelt (*since Monday*).

5

Und wenn Sie ein bestimmtes Wort suchen, können Sie es in den für jede Sprachrichtung separaten Registern am Ende des Buches finden.

5 Tipps auf „Klebezetteln" informieren dich über den Gebrauch und die Unterscheidung von leicht zu verwechselnden Wörtern oder über andere sprachliche Eigenheiten, etwa zur Wortbildung.

6

the **rubbish bin** BE,
the **garbage can** AE
[ˈrʌbɪʃ ˌbɪn], [ˈɡɑːrbɪdʒ ˌkæn] *n*
der Mülleimer,
die Mülltonne

It's amazing what you find in the **rubbish bin**.

Erstaunlich, was man so alles in der Mülltonne findet.

6 In Fällen, wo sich der Sprachgebrauch im britischen und amerikanischen Englisch unterscheidet, sind beide Varianten angegeben und mit BE für britisches Englisch und AE für amerikanisches Englisch gekennzeichnet.

VERWENDETE ABKÜRZUNGEN:

adj	Adjektiv
adv	Adverb
AE	Amerikanisches Englisch
BE	Britisches Englisch
conj	Konjunktion
etw.	etwas
f	Femininum
interj	Interjektion
m	Maskulinum
m/f	Maskulinum und Femininum
n	Nomen bzw. Substantiv
phrase	Phrase bzw. Redewendung
pl	Plural
prep	Präposition
pron	Pronomen
sth.	something
v	Verb

LAUTSCHRIFT

Die Lautschrift eines Begriffs wird in eckigen Klammern unter dem Stichwort angegeben und orientiert sich an der britischen Aussprache, sofern nicht anders angegeben. Folgende Schrift- und Lautschriftzeichen werden für die Darstellung benutzt:

VOKALE UND DIPHTHONGE

ZEICHEN	BEISPIEL	PHONETIK	AUSSPRACHE
[æ]	hat, bad	[hæt], [bæd]	keine dt. Entsprechung, zwischen **a** und **ä**
[ʌ]	sun, other	[sʌn], ['ʌðə]	kl**a**tschen
[e]	letter, end	['letə], [end]	n**e**tt
[ə]	address, sister	[ə'dres], ['sɪstə]	bitt**e**
[ɪ]	visit, busy	['vɪzɪt], ['bɪzɪ]	H**i**lfe
[ɒ]	clock, shop	[klɒk], [ʃɒp]	D**o**tter
[ʊ]	book, push	[bʊk], [pʊʃ]	M**u**tter
[ɑ:]	father, arm	['fɑ:ðə], [ɑ:m]	K**a**hn
[i:]	teach, knee	[ti:tʃ], [ni:]	B**ie**ne
[ɔ:]	call, port	[kɔ:l], [pɔ:t]	Z**o**rn
[ɜ:]	bird, world, earn	[bɜ:d], [wɜ:ld], [ɜ:n]	f**ö**rdern
[u:]	news, boom	[nju:z], [bu:m]	St**u**hl
[aɪ]	find, idea	[faɪnd], [aɪ'dɪə]	M**ei**ster
[eɪ]	place, able	[pleɪs], [eɪbl]	keine dt. Entsprechung, Lautfolge von **[e]** + **[ɪ]**
[ɔɪ]	voice, enjoy	[vɔɪs], [ɪn'dʒɔɪ]	l**äu**ten
[aʊ]	town, out	[taʊn], [aʊt]	H**au**s
[əʊ]	road, open	[rəʊd], ['əʊpən]	keine dt. Entsprechung, Lautfolge von **[ə]** + **[ʊ]**
[eə]	bear, air, where	[beə], [eə], [weə]	popul**ä**r
[ɪə]	year, ear, here	[jɪə], [ɪə], [hɪə]	v**ie**r
[ʊə]	Europe, tourism	['jʊərəp], ['tʊərɪzm]	keine dt. Entsprechung, Lautfolge von **[ʊ]** + **[ə]**

KONSONANTEN

ZEICHEN	BEISPIEL	PHONETIK	AUSSPRACHE
[p]	point, pot	['pɔɪnt], [pɒt]	**P**unkt
[b]	begin, hobby	[bɪ'gɪn], ['hɒbɪ]	**B**erg

ZEICHEN	BEISPIEL	PHONETIK	AUSSPRACHE
[f]	feel, wife	[fi:l], [waɪf]	**F** uß
[v]	van, live	[væn], [lɪv]	**V** illa
[w]	word, forward	[wɜ:d], ['fɔ:wəd]	keine dt. Entsprechung, gesprochen wie **u** mit gestülpten Lippen
[t]	talk, butter	[tɔ:k], ['bʌtə]	**T** on
[d]	do, red	[du:], [red]	**D** ach
[s]	save, fast	[seɪv], [fɑ:st]	Schlu **ss**
[z]	zero, news	['zɪərəʊ], [nju:z]	**S** onne
[θ]	thank, breath	[θæŋk], [breθ]	keine dt. Entsprechung, gesprochen wie ein gelispeltes, stimmloses **s**
[ð]	the, breathe	[ðə], [bri:ð]	keine dt. Entsprechung, gesprochen wie ein gelispeltes, stimmhaftes **s**
[ʃ]	shop, dish	[ʃɒp], [dɪʃ]	**Sch** ule
[ʒ]	vision, garage	['vɪʒn], ['gærɑ:ʒ]	Passa **g** ier
[tʃ]	child, match	[tʃaɪld], [mætʃ]	deu **tsch**
[dʒ]	jeans, fudge	[dʒi:nz], [fʌdʒ]	**Dsch** ungel
[l]	land, ball	[lænd], [bɔ:l]	**L** iebe
[g]	give, dog	[gɪv], [dɒg]	**g** eben
[k]	car, lake	[kɑ:], [leɪk]	**k** önnen
[m]	man, room	[mæn], [ru:m]	**M** ann
[n]	note, run	[nəʊt], [rʌn]	**N** ote
[ŋ]	king, singer	[kɪŋ], ['sɪŋə]	Kli **ng** el
[r]	ring, lorry	[rɪŋ], ['lɒrɪ]	keine dt. Entsprechung, **r** gesprochen mit zurückgezogener Zunge
[h]	hotel, downhill	[həʊ'tel], [daʊn'hɪl]	**H** otel
[j]	year, beyond	[jɪə], [bɪ'jɒnd]	**j** etzt

BETONUNG

Im Englischen wird meist die erste Silbe des Worts betont. Bei mehrsilbigen Wörtern zeigt das Betonungszeichen ['] an, dass die folgende Silbe am stärksten betont wird. Eine Nebenbetonung in einem Wort wird durch das Zeichen [ˌ] gekennzeichnet.

Das Symbol [:] bedeutet, dass der voranstehende Vokal lang gesprochen wird.

ICH

I

[aɪ] *pron*

ich

I know that
I know nothing.

Ich weiß, dass
ich nichts weiß.

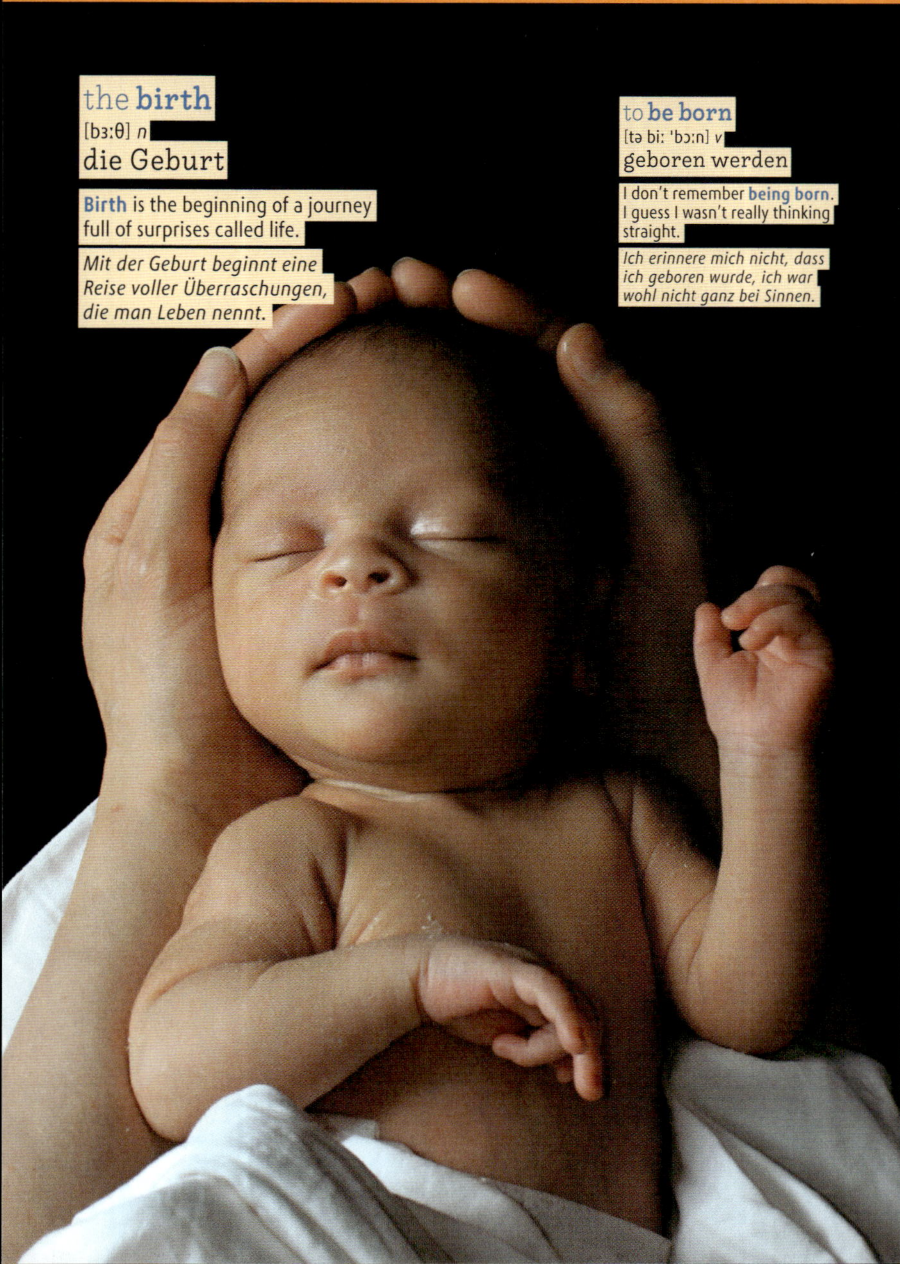

the **birth**
[bɜːθ] *n*
die Geburt

Birth is the beginning of a journey full of surprises called life.

Mit der Geburt beginnt eine Reise voller Überraschungen, die man Leben nennt.

to **be born**
[tə biː ˈbɔːn] *v*
geboren werden

I don't remember **being born**. I guess I wasn't really thinking straight.

Ich erinnere mich nicht, dass ich geboren wurde, ich war wohl nicht ganz bei Sinnen.

the **baby**
['beɪbɪ] *n*
das Baby

As long as it's asleep, it's the sweetest **baby** in the world.

Solange es schläft, ist es das süßeste Baby der Welt.

to **grow up**
[tə ˌɡrəʊ 'ʌp] *v*
aufwachsen

He'**s grown up** with animals.

Er ist mit Tieren aufgewachsen.

the **boy**
[bɔɪ] *n*
der Junge

the **girl**
[ɡɜːl] *n*
das Mädchen

Sometimes it's not so easy to tell **boys** *and* **girls** *apart.*

Manchmal ist es nicht so einfach zu unterscheiden, wer Junge und wer Mädchen ist.

to **bring up**
[tə ˌbrɪŋ 'ʌp] *v*
großziehen

Carla **was brought up** between coffee cup and laptop.

Carla wurde zwischen Kaffeetasse und Laptop großgezogen.

the **child**
[tʃaɪld] *n*
das Kind

Every **child** should learn an instrument.

Jedes Kind sollte ein Instrument lernen.

the **childhood**
['tʃaɪldhʊd] *n*
die Kindheit

Childhood means taking play absolutely seriously.

Kindheit heißt, mit vollem Ernst zu spielen.

the **youth**
[juːθ] *n*
die Jugend

In your **youth** you only hear what you want to hear.

In der Jugend hört man nur, was man hören will.

young
[jʌŋ] *adj*
jung

Opa sieht auf dem Foto so jung aus!

old
[əʊld] *adj*
alt

... und er ist immer noch nicht alt ...

man
[mæn] *n*
der Mensch

And God created **man** in his own image.

Und Gott schuf den Menschen nach seinem Ebenbild.

human
['hju:mən] *adj*
menschlich

To err is **human**.

Irren ist menschlich!

adult
['ædʌlt] *adj*
erwachsen

Being **adult** doesn't have to mean never being childish.

Erwachsen sein heißt nicht, nie mehr kindisch zu sein.

the **woman**
[wʊmən] *n*
die Frau

Women only ever want one thing...

Frauen wollen immer nur das eine ...

the **man**
[mæn] *n*
der Mann

...and **men** the other.

... und Männer das andere.

to be...years old
[tə biː...jɪəz 'əʊld] *v*
... Jahre alt sein

I'm already three **years old**!

Ich bin schon drei Jahre alt!

to live
[tə 'lɪv] *v*
leben

Heinz says he wants to **live** forever…

Heinz sagt, er will ewig leben …

the life
[laɪf] *n*
das Leben

I really thought my **life** would be different.

Ich hab mir mein Leben wirklich anders vorgestellt.

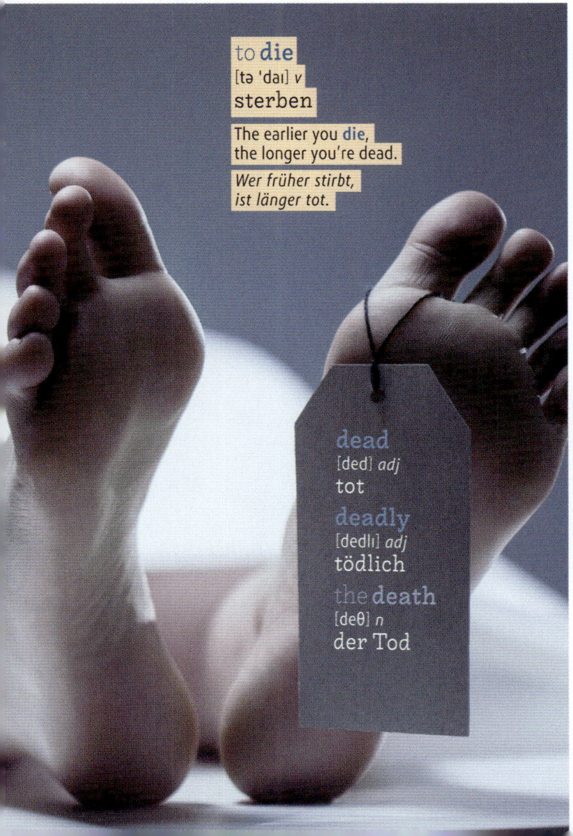

to die
[tə 'daɪ] *v*
sterben

The earlier you **die**, the longer you're dead.

Wer früher stirbt, ist länger tot.

dead
[ded] *adj*
tot

deadly
[dedlɪ] *adj*
tödlich

the death
[deθ] *n*
der Tod

alive
[ə'laɪv] *adj*
lebendig, am Leben

It's worked! It's **alive**!

Es hat funktioniert! Es ist lebendig!

the grave
[greɪv] *n*
das Grab

The **grave** of my great-grand-father is in the third row.

Das Grab meines Urgroßvaters ist in der dritten Reihe.

KÖRPER

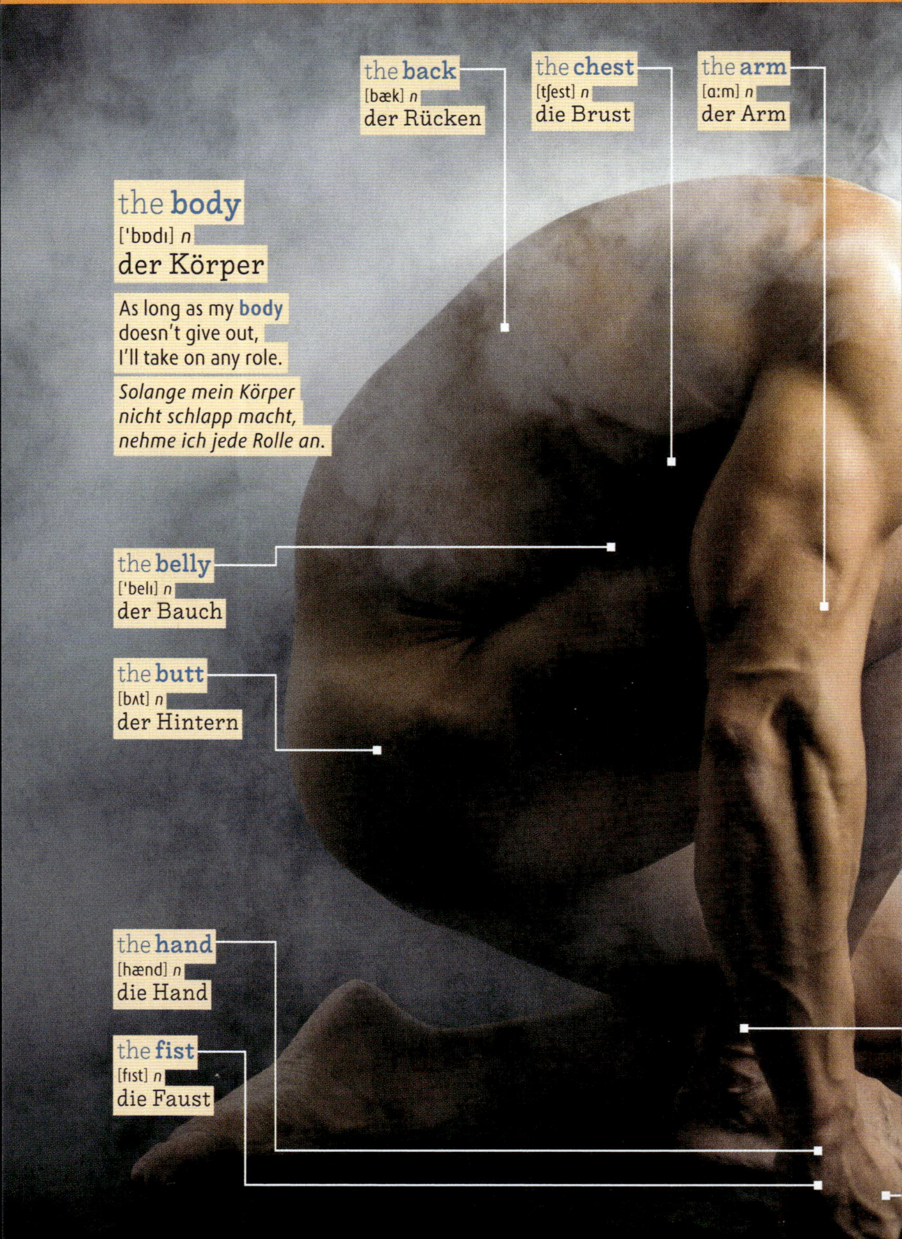

the body
[ˈbɒdɪ] *n*
der Körper

As long as my **body** doesn't give out, I'll take on any role.

Solange mein Körper nicht schlapp macht, nehme ich jede Rolle an.

the back
[bæk] *n*
der Rücken

the chest
[tʃest] *n*
die Brust

the arm
[ɑːm] *n*
der Arm

the belly
[ˈbelɪ] *n*
der Bauch

the butt
[bʌt] *n*
der Hintern

the hand
[hænd] *n*
die Hand

the fist
[fɪst] *n*
die Faust

the **blood**
[blʌd] n
das Blut

I could do with a little drop of **blood** now too.

Jetzt könnte ich auch ein Schlückchen Blut vertragen.

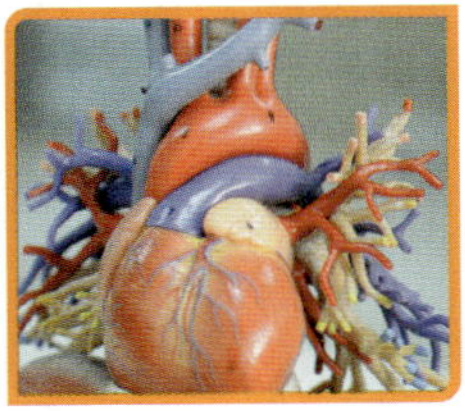

the **heart**
[hɑːt] n
das Herz

Who needs a **heart** when a heart can be broken?

Wer braucht ein Herz, wenn ein Herz gebrochen werden kann?

the **bone**
[bəʊn] n
der Knochen

Humans have 206 **bones** in their bodies. One is enough for me.

Ein Mensch hat 206 Knochen im Körper. Für mich reicht einer.

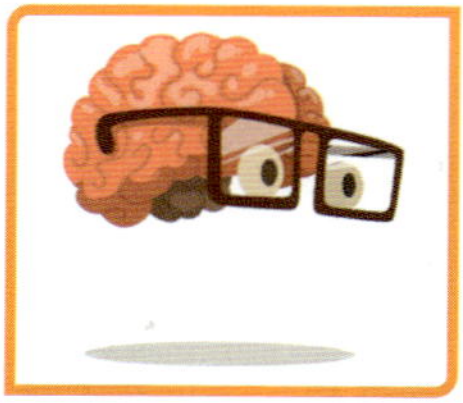

the **brain**
[breɪn] *n*
das Gehirn

The human **brain** is capable of the most amazing feats.

Das menschliche Gehirn ist zu den erstaunlichsten Leistungen fähig.

the **tongue**
[tʌŋ] *n*
die Zunge

It gives you a totally different feeling on your **tongue**.

Man hat damit ein ganz anderes Gefühl auf der Zunge.

the **tooth**
[tu:θ] *n*
der Zahn

There really is a **tooth** missing!

Tatsächlich, da fehlt ein Zahn!

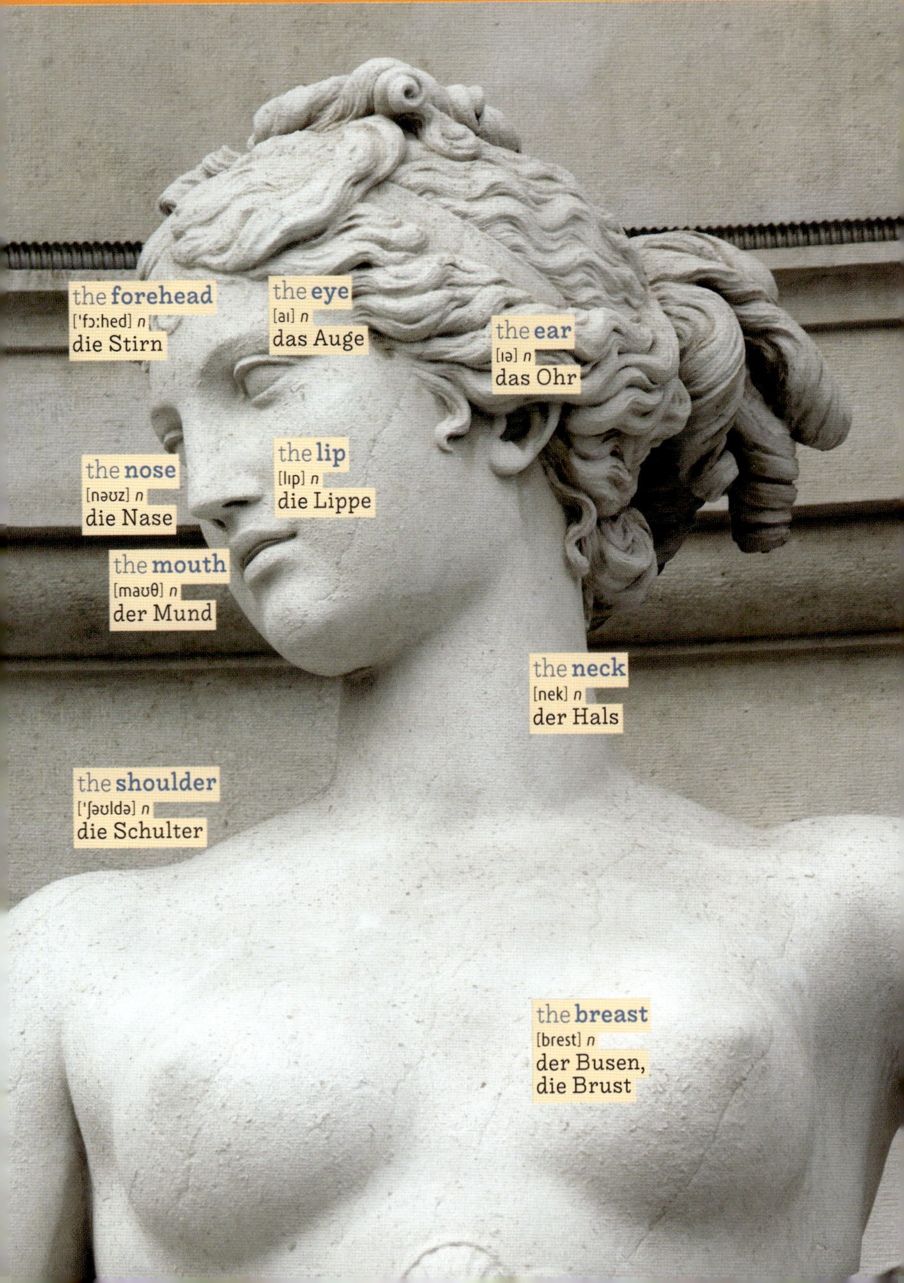
the forehead
['fɔːhed] n
die Stirn
the eye
[aɪ] n
das Auge
the ear
[ɪə] n
das Ohr
the nose
[nəʊz] n
die Nase
the lip
[lɪp] n
die Lippe
the mouth
[maʊθ] n
der Mund
the neck
[nek] n
der Hals
the shoulder
['ʃəʊldə] n
die Schulter
the breast
[brest] n
der Busen,
die Brust

the beauty
['bju:tɪ] *n*
die Schönheit

Beauty is power,
a smile its sword.

*Schönheit ist Macht,
ein Lächeln ihr Schwert.*

the face
[feɪs] *n*
das Gesicht

Stop pulling such a funny **face**.

Mach nicht so ein komisches Gesicht.

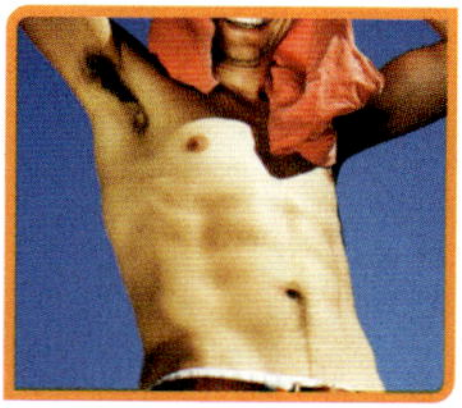

slim
[slɪm] *adj*
schlank

Yes, he's **slim**,
but that's all he is.

Ja, er ist schlank, das ist aber auch schon alles.

to look alike
[tə 'lʊk əlaɪk] *v*
ähneln

They don't **look alike** quite so much from close up.

Von Nahem ähneln sie sich gar nicht mehr so sehr.

the **hair**
[heə] *n*
das Haar

Girl, shake out your **hair** for me.

Mädchen, schüttel dein Haar für mich!

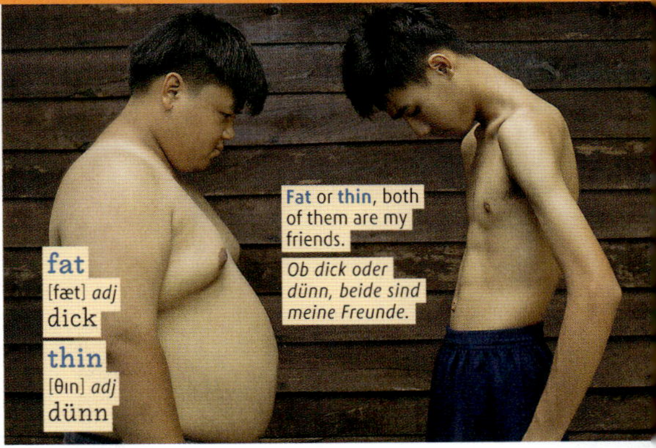

fat
[fæt] *adj*
dick

thin
[θɪn] *adj*
dünn

Fat or **thin**, both of them are my friends.

Ob dick oder dünn, beide sind meine Freunde.

the **haircut**
['heəkʌt] *n*
die Frisur

Be careful, my lawyer specializes in ruined **haircuts**.

Vorsicht, mein Anwalt ist auf ruinierte Frisuren spezialisiert!

ugly
['ʌglɪ] *adj*
hässlich

Mum, I'm not going with you in this **ugly** tie.

Mama, mit der hässlichen Krawatte geh' ich nicht mit.

pretty
['prɪtɪ] *adj*
hübsch

She looks **pretty** in her new dress.

Sie sieht hübsch aus in ihrem neuen Kleid.

short
[ʃɔ:t] *adj*
klein

tall
[tɔ:l] *adj*
groß

If you weren't so **short**, you'd be able to reach better. – No, you're just too **tall**.

Wenn du nicht so klein wärst, kämest du besser ran. – Ach was, du bist einfach zu groß.

tall bezieht sich nur auf die Körpergröße des Menschen, *big* ist ein Mensch, der groß, schwer und stark ist.

CHARAKTER

the **character**
['kærəktə] *n*
der Charakter

She was neither rich nor famous, but she had **character**.

Sie war weder reich noch berühmt, aber sie hatte Charakter.

cheerful
['tʃɪəfl] *adj*
fröhlich

Who needs a reason to be **cheerful**?

Um fröhlich zu sein, braucht es keinen Grund.

good
[gʊd] *adj*
gut, lieb, brav

Be a **good** girl and eat your carrots.

Sei ein braves Mädchen und iss deine Karotten.

the **patience**
['peɪʃns] *n*
die Geduld

The lion showed a lot of **patience** with the lion tamer.

Der Löwe zeigte viel Geduld mit dem Dompteur.

patiently
['peɪʃntlɪ] *adv*
geduldig

He was waiting **patiently** for his wife.

Geduldig wartete er auf seine Frau.

the **courage**
['kʌrɪdʒ] *n*
der Mut

My **courage** failed me when I got to the top.

Oben angekommen, verließ mich der Mut.

impatient
[ɪm'peɪʃnt] *adj*
ungeduldig

I'm starting to get **impatient**.

Langsam werd' ich ungeduldig.

brave
[breɪv] *adj*
mutig

Is she **brave** or just stupid?

Ist sie mutig oder einfach nur doof?

impolite
[ˌɪmpəˈlaɪt] *adj*
unhöflich

It doesn't matter what Aunt Anna's biscuits taste like, it's just **impolite**!

Egal, wie Tante Annas Kekse schmecken, das ist einfach unhöflich!

funny
[ˈfʌnɪ] *adj*
lustig

He desperately tried to be **funny**.

Er versuchte verzweifelt, lustig zu sein.

seriously
[ˈsɪərɪəslɪ] *adv*
ernst, ernsthaft

Do you always have to take everything so **seriously**?

Musst du immer alles so ernst nehmen?

polite
[pəˈlaɪt] *adj*
höflich

He was so incredibly **polite** that I couldn't resist.

Er war so unglaublich höflich, da konnte ich nicht widerstehen.

curious
[ˈkjʊərɪəs] *adj*
neugierig

If you aren't **curious**, you'll never make that breakthrough.

Wer nicht neugierig ist, schafft den Durchbruch nie.

careful
[ˈkeəfl] *adj*
vorsichtig

My darling is a **careful** driver.

Mein Schatz ist ein vorsichtiger Fahrer.

stupid
['stju:pɪd] *adj*
dumm

I'm just too **stupid** for this silly homework.

Ich bin einfach zu dumm für diese blöden Hausaufgaben.

the **stupidity**
[stju:'pɪdətɪ] *n*
die Dummheit

And now you're stepping in it too! What **stupidity**!

Und jetzt trittst du auch noch rein. Was für eine Dummheit!

careless
['keələs] *adj*
unvorsichtig

You have to fire that **careless** babysitter immediately!

Du musst diesen unvorsichtigen Babysitter sofort rausschmeißen.

lazy
['leɪzɪ] *adj*
faul

Yes, I'm **lazy**. So what?

Ja, ich bin faul. Na und?

calm
[kɑ:m] *adj*
ruhig

How can you keep so **calm**? I'm pregnant!

Wie kannst du da so ruhig bleiben? Ich bin schwanger!

kind
[kaɪnd] *adj*
lieb, nett

Hanna was particularly **kind** to her sister today.

Hanna war heute besonders lieb zu ihrer Schwester.

the **feeling**
['fi:lɪŋ] *n*
das Gefühl,
die Empfindung

There's no way you can suppress your true **feelings**.

Wahre Gefühle kann man nicht unterdrücken.

to **like**
[tə 'laɪk] *v*
mögen

I **like** to get to the office quickly.

Ich mag es, schnell ins Büro zu kommen.

the **pleasure**
['pleʒə] *n*
die Freude

It was such a **pleasure** to see Elena without her children.

Es war so eine Freude, Elena ohne ihre Kinder zu sehen.

the **surprise**
[sə'praɪz] *n*
die Überraschung

To my **surprise** my girlfriend had organized a little party.

Zu meiner Überraschung hatte meine Freundin eine kleine Party organisiert.

to **fear sth.**
[tə 'fɪə 'sʌmθɪŋ] *v*
Angst haben vor etw.

What is there to **fear**? It's just a tiny bug.

Wovor hast du Angst? Das ist doch nur ein winziges Tierchen!

like
[laɪk] *prep*
wie

I feel **like** I'm in paradise here.

Hier fühle ich mich wie im Paradies.

satisfied
['sætɪsfaɪd] *adj*
zufrieden

They have exchanged the dress, now I'm **satisfied**.

Sie haben mir das Kleid umgetauscht, jetzt bin ich zufrieden.

can't **stand**
[ˌkɑːnt 'stænd] *v*
nicht leiden können

I really **can't stand** you!

Ich kann dich echt nicht leiden!

terrible
['terəbl] *adj*
schrecklich

The hotel was simply **terrible**!

Das Hotel war einfach schrecklich!

the **mourning**
['mɔːnɪŋ] *n*
die Trauer

Her **mourning** was pretty restrained.

Ihre Trauer hielt sich ziemlich in Grenzen.

happy
['hæpɪ] *adj*
glücklich

I'm so **happy** it hurts.

Ich bin so glücklich, dass es schon wehtut.

favourite BE, **favorite** AE
['feɪvrət] *adj*
Lieblings-

I don't believe it! They're stealing my **favourite** car!

Das gibt's doch nicht! Die klauen gerade mein Lieblingsauto!

glad
[glæd] *adj*
froh

Ich bin froh, dass der Blumenladen noch offen hatte.

the **smile**
[smaɪl] *n*
das Lächeln

A single **smile** can make your whole day.

Ein einziges Lächeln kann einem den ganzen Tag retten!

to **cry**
[tə 'kraɪ] *v*
weinen

I always have to **cry** when Sam runs into the water after Frodo.

Wenn Sam Frodo ins Wasser nachläuft, muss ich immer weinen.

unpleasant
[ʌn'pleznt] *adj*
unangenehm

This could get rather **unpleasant**.

Das könnte ziemlich unangenehm werden.

to **laugh**
[tə 'lɑ:f] *v*
lachen

That you guys can **laugh** at such nonsense!

Über so einen Blödsinn könnt ihr Typen lachen!

sad
[sæd] *adj*
traurig

Don't be **sad**. You'll get promoted again next year.

Sei nicht traurig. Nächstes Jahr steigt ihr wieder auf.

lonely
['ləʊnlɪ] *adj*
einsam

Back in the hotel, Aisha felt awfully **lonely** again.

Zurück im Hotel, fühlte Aisha sich wieder furchtbar einsam.

to **feel**
[tə 'fi:l] *v*
(sich) fühlen

the **happiness**
['hæpɪnəs] *n*
das Glück, die Freude

unhappy
[ʌn'hæpɪ] *adj*
unglücklich

the **laughter**
['lɑ:ftə] *n*
das Lachen

the **fear**
[fɪə] *n*
die Angst

pleasant
['pleznt] *adj*
angenehm, sympathisch

to **be surprised**
[tə bi: 'sə'praɪzd] *v*
überrascht sein

to **smile**
[tə 'smaɪl] *v*
lächeln

the **sadness**
['sædnəs] *n*
die Traurigkeit

the **memory**
['memərɪ] *n*
die Erinnerung

Hold on – the **memory** is just coming back to me.

Einen Moment – die Erinnerung kommt gerade wieder.

to **think**
[tə 'θɪŋk] *v*
denken

Who do you actually **think** you are?

Was denkst du eigentlich, wer du bist?

to **think of**
[tə 'θɪŋk əv] *v*
halten von

Just a quick question: what do you **think of** working from home?

Nur eine kurze Frage: Was halten Sie von Heimarbeit?

to **know**
[tə 'nəʊ] *v*
wissen

You should always **know** exactly what you are doing …

Man sollte immer genau wissen, was man tut …

to **forget**
[tə fə'get] *v*
vergessen

Well, I **forgot** this one – seems like I can **forget** about it now.

Tja, die hab' ich vergessen – nun kann ich sie wohl vergessen.

to **wonder**
[tə 'wʌndə] *v*
sich fragen

I **wonder** how this is ever going to work.

Ich frage mich, wie das je funktionieren soll.

the thought
[θɔːt] *n*
der Gedanke

Mein Haarschnitt ist voll ätzend!

Das wollte ich gerade sagen. Kann er Gedanken lesen?

to **notice**
[tə 'nəʊtɪs] *v*
bemerken

Fortunately she **has**n't **noticed** me yet.

Zum Glück hat sie mich noch nicht bemerkt.

to **expect**
[tʊ ɪk'spekt] *v*
erwarten

No! I'd really never **have expected** that!

Nein! Das hätte ich wirklich nie erwartet!

to **remember**
[tè rl'membə] *v*
sich erinnern

I **remember** the car but not his name.

An das Auto kann ich mich erinnern, an seinen Namen nicht.

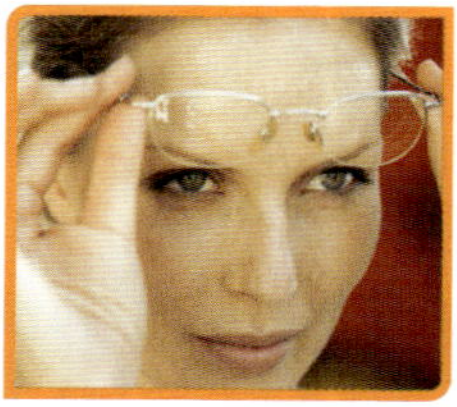

to see
[tə ˈsiː] *v*
sehen

Sometimes it's quite good not to **see** everything clearly.

Manchmal ist es ganz gut, nicht alles scharf zu sehen.

to look
[tə ˈlʊk] *v*
(an)schauen

Hunters who **are looking** aren't shooting.

Jäger, die schauen, schießen nicht.

the look
[lʊk] *n*
der Blick

If **looks** could kill…

Wenn Blicke töten könnten …

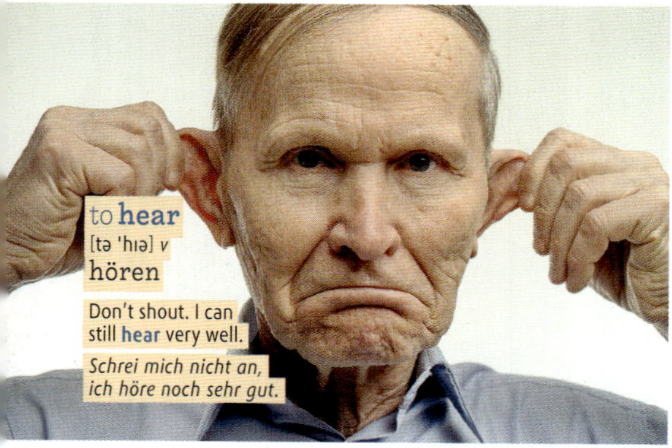

to hear
[tə ˈhɪə] *v*
hören

Don't shout. I can still **hear** very well.

Schrei mich nicht an, ich höre noch sehr gut.

the sound
[saʊnd] *n*
das Geräusch, der Klang

Sound waves only become **sound** if there's an ear present.

Schallwellen werden erst zu Klang, wenn ein Ohr da ist.

to touch
[tə ˈtʌtʃ] *v*
berühren

I like it when you **touch** me.

Ich mag es, wenn du mich berührst.

the smell
[smel] *n*
der Geruch

I'm finding this **smell** more and more fascinating.

Mehr und mehr fasziniert mich dieser Geruch.

to smell
[tə ˈsmel] *v*
riechen

But it must **smell**!

Aber sie muss doch riechen!

to stink
[tə 'stɪŋk] v
stinken

Thomas thinks it **stinks**. I think he's exaggerating.

Thomas meint, es stinkt. Ich finde, er übertreibt.

to believe
[tə bɪ'liːv] v
glauben

I only have to **believe** in it hard enough…

Ich muss nur fest genug dran glauben …

to listen
[tə 'lɪsn] v
(zu)hören

Langsamer, Mädels – hört auf die Musik!

to hope
[tə 'həʊp] v
hoffen

I **hope** they're finally going to repair the pavement.

Ich hoffe, der Gehweg wird endlich mal repariert.

to suppose
[tə sə'pəʊz] v
annehmen, vermuten

You might **suppose** she was after something.

Man könnte annehmen, sie will was von mir.

the impression
[ɪm'preʃn] n
der Eindruck

Always remember. It's the first **impression** that counts!

Immer dran denken: Der erste Eindruck zählt!

to make
[tə 'meɪk] *v*
machen, herstellen

to do
[tə 'duː] *v*
tun, machen

What the hell **are** you **doing**? I thought you **were making** dinner!

Was zur Hölle tust du denn da? Ich dachte, du machst das Abendessen!

to **let**
[tə 'let] *v*
lassen

Let go! – But **let** me at least have a look at it first...

Lass los! – Aber lass es mich doch wenigstens angucken ...

to leave verwendet man, um auszudrücken, dass man etwas an einem Ort lässt oder in einem Zustand belässt, während *to let* eher im Sinne von „erlauben" benutzt wird.

to **leave**
[tə 'li:v] *v*
lassen, verlassen

He **left** her without a word but with a huge roar.

Er verließ sie ohne ein Wort, aber mit großem Getöse.

to **use**
[tə 'ju:z] *v*
benutzen, verwenden

Use this please!

Bitte das hier verwenden!

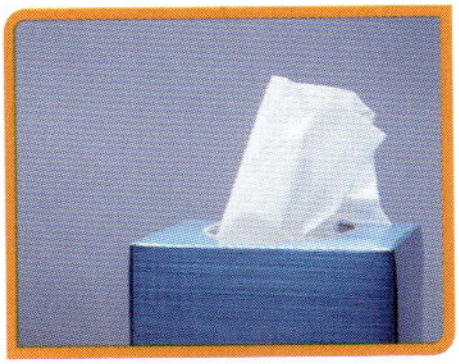

to **be of use**
[tə bi: əv 'ju:s] *v*
nützlich sein

When you've run out of toilet paper, tissues **are of** enormous **use**.

Ist das Klopapier aus, sind Taschentücher sehr nützlich.

to **move**
[tə 'mu:v] *v*
bewegen

If you want to catch it, you'll have to **move** a bit faster!

Wenn du ihn fangen willst, musst du dich mehr bewegen!

the **thing**
[θɪŋ] *n*
das Ding

The **thing** from outer space.

Das Ding aus dem All.

the **activity**
[æk'tɪvətɪ] *n*
die Tätigkeit

the **action**
['ækʃn] *n*
die Handlung

the **matter**
['mætə] *n*
die Angelegenheit, die Sache

the **object**
['ɒbdʒekt] *n*
der Gegenstand

to **come**
[tə 'kʌm] *v*
kommen

Come on in and close the door.

Komm endlich rein und mach die Tür zu.

to **go**
[tə 'gəʊ] *v*
gehen, fahren

Next time we**'re going** by car.

Das nächte Mal fahren wir mit dem Auto.

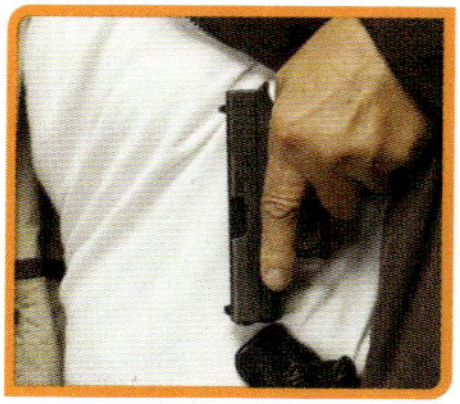

to **carry**
[tə 'kærɪ] *v*
tragen

Watch out! He**'s carrying** a gun!

Vorsicht, er trägt eine Waffe!

to **pull**
[tə 'pʊl] *v*
ziehen

And now we're going to **pull** the rings up to the ceiling…

Und nun ziehen wir die Ringe hoch bis unter die Decke …

to push
[tə 'pʊʃ] *v*
schieben

Don't just stand there watching, come and help us **push**!

Schauen Sie nicht nur zu, helfen Sie schieben!

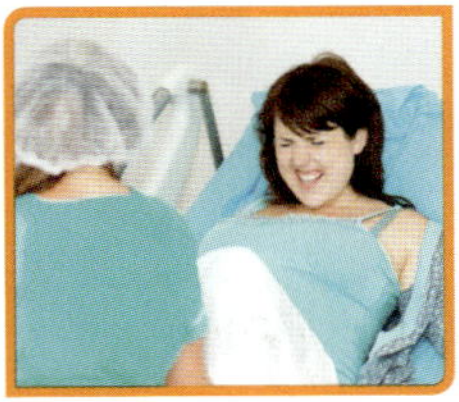

to press
[tə 'pres] *v*
drücken, pressen

Most of all right now I'd like to **press** the emergency stop button!

Am liebsten würde ich jetzt den Not-Aus-Knopf drücken.

to put
[tə 'pʊt] *v*
setzen, stellen, legen

All right. I'**ll put** one more on top. – It's still not going to be a house.

Gut, ich lege noch einen drauf. – Ein Haus wird trotzdem nicht draus.

to turn
[tə 'tɜːn] *v*
drehen, umdrehen

She **turned** to me and smiled – and that's when the crash occurred.

Sie drehte sich zu mir um, lächelte – und schon krachte es.

to hold
[tə 'həʊld] *v*
halten

I'm the only person allowed to **hold** our cat. It scratches everyone else.

Nur ich darf unsere Katze halten. Alle anderen kratzt sie.

to prepare
[tə prɪ'peə] *v*
vorbereiten

You were the one who wanted to **prepare** the rope!

Du wolltest doch das Seil vorbereiten!

to try
[tə 'traɪ] *v*
versuchen

If you **try** enough times, you'll succeed.

Wenn du es nur oft genug versuchst, schaffst du es auch.

sure
[ʃɔː] *adj*
sicher

I'm not **sure** if he's the father…

Ich bin mir nicht sicher, ob er der Vater ist …

the **effort**
['efət] *n*
die Anstrengung

The right goal is worth every **effort**.

Das richtige Ziel ist jede Anstrengung wert.

the **decision**
[dɪ'sɪʒn] *n*
die Entscheidung

This **decision** needs careful consideration.

Diese Entscheidung will gut überlegt sein.

to **plan**
[tə 'plæn] *v*
planen

Als nächster Schritt ist geplant, alle Wände gelb zu streichen.

probably
['prɒbəblɪ] *adv*
wahrscheinlich

I'm **probably** going to be a couple of minutes late.

Ich komme wahrscheinlich ein paar Minuten später.

to **decide**
[tə dɪ'saɪd] *v*
entscheiden

the **certainty**
['sɜːtntɪ] *n*
die Sicherheit, die Gewissheit

possible
['pɒsəbl] *adj*
möglich

maybe, perhaps
['meɪbɪ, pə'hæps] *adv*
vielleicht

impossible
[ɪm'pɒsəbl] *adj*
unmöglich

I told you. It's **impossible** to make money doing that.

Ich hab's dir gesagt: Damit kann man unmöglich Geld verdienen.

to **look for**
[tə 'lʊk fə] *v*
suchen

If only I knew what we**'re looking for**.

Wenn ich nur wüsste, wonach wir überhaupt suchen.

to **find**
[tə 'faɪnd] *v*
finden

Ha-ha! Bet you can't **find** me!

Ätsch, ihr könnt mich gar nicht finden!

to **remove**
[tə rɪ'muːv] *v*
entfernen, wegnehmen

I shouldn't **have got** my hair **removed**.

Ich hätte mir meine Haare doch nicht entfernen lassen sollen.

to **need**
[tə 'niːd] *v*
brauchen

I just **need** another five minutes…

Ich brauch' noch fünf Minuten …

to **sleep**
[tə 'sli:p] *v*
schlafen

I'd rather do eight hours of work than not **sleep** at all.

Lieber acht Stunden Arbeit, als gar nicht schlafen.

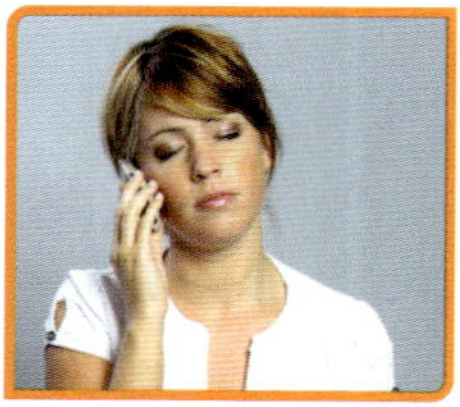

to **fall asleep**
[tə ˌfɔ:l ə'sli:p] *v*
einschlafen

He was so boring, I nearly **fell asleep**.

Er war so langweilig, ich bin fast eingeschlafen.

to **wake**
[tə 'weɪk] *v*
wecken

I've got a sure-fire way of **waking** Dad.

Ich hab' eine todsichere Methode, Papa zu wecken.

tired
['taɪəd] *adj*
müde

Oh, go over and look at the zebras. I'm **tired** now.

Ach, geht doch rüber zu den Zebras, ich bin jetzt müde.

to **wake up**
[tə ˌweɪk 'ʌp] *v*
aufwachen

Time to finish work. Time to **wake up**.

Feierabend. Zeit, aufzuwachen.

to **get up**
[tə ˌget 'ʌp] *v*
aufstehen

Leopold's unbearable when he **gets up** in such a good mood.

Wenn Leopold mit so guter Laune aufsteht, ist er unerträglich.

to **own**
[tʊ 'əʊn] *v*
besitzen

I've always wanted to **own** a boat like that.

So ein Boot wollte ich schon immer besitzen.

own
[əʊn] *adj*
eigen

At last my **own** flat!

Endlich meine eigene Wohnung!

to **keep**
[tə 'kiːp] *v*
behalten

Dad, please can we **keep** him?

Papa, bitte, können wir ihn behalten?

the **property**
['prɒpətɪ] *n*
der Besitz, das Eigentum

Some **property** at last. My own piece of land!

Endlich Eigentum: Mein eigenes Stück Land!

to give
[tə 'gɪv] *v*
geben

Give the teddy to ME!
Gib MIR den Teddy!

to bring
[tə 'brɪŋ] *v*
(mit)bringen

Feel free to **bring** your girlfriend along too.
Bringen Sie ruhig Ihre Freundin mit.

to get
[tə 'get] *v*
bekommen

Division of labour: he **gets** the punches and I **get** the money.
Arbeitsteilung: Er bekommt die Schläge, ich das Geld.

to bring beschreibt eine Bewegung zum Sprechenden oder Zuhörenden hin (herbringen, mitbringen); to take beschreibt eine Bewegung vom Sprechenden oder Zuhörenden weg (wegbringen, mitnehmen).

to receive
[tə rɪ'si:v] *v*
erhalten, bekommen

Didn't you **receive** some shoes just yesterday?
Haben Sie nicht gestern schon Schuhe bekommen?

to take
[tə 'teɪk] *v*
nehmen

It is better to give than to **take**.
Geben ist seliger denn nehmen.

to have
[tə 'hæv] *v*
haben

Invite the tenants from downstairs, they should **have** some fun too.

Lad die Mieter von unten ein, die sollen auch mal Spaß haben.

to have got
[tə 'hæv 'gɒt] *v*
haben

From now on I'**ve got** a really good friend.

Seit heute habe ich einen richtig guten Freund.

to accept
[tʊ ək'sept] *v*
annehmen

I couldn't possibly **accept** it.

Das kann ich unmöglich annehmen.

also, too
['ɔːlsəʊ, tuː] *adv*
auch

I **also** need some cola with my burger.

Zum Burger brauch' ich auch 'ne Cola.

to separate
[tə 'sepəreɪt] *v*
trennen

Everything that **separates** can be overcome.

Alles, was trennt, kann überwunden werden.

to pass
[tə 'pɑːs] *v*
reichen

Would you please **pass** me the ball?

Würden Sie mir bitte den Ball reichen?

GESUNDHEIT!

healthy
['helθɪ] *adj*
gesund

We were surprised at how **healthy** Thomas seemed to be again.

Wir waren überrascht, wie gesund Thomas wieder zu sein schien.

the **health**
[helθ] *n*
die Gesundheit

Health is more than just the absence of disease.

Gesundheit ist mehr als nur die Abwesenheit von Krankheit.

disabled
[dɪsˈeɪbld] *adj*
behindert

Dad isn't **disabled**.
He just uses a wheelchair.

Papa ist doch nicht behindert. Er sitzt nur im Rollstuhl.

mental
[ˈmentəl] *adj*
geistig, psychisch

I'm in full possession of my **mental** faculties.

Ich bin im vollen Besitz meiner geistigen Kräfte.

physical
[ˈfɪsɪkl] *adj*
körperlich

He really doesn't lack any **physical** presence.

An körperlicher Präsenz fehlt es ihm wirklich nicht.

to **feel**
[tə ˈfiːl] *v*
sich fühlen

I **feel** good – despite my hayfever.

Ich fühl' mich gut – trotz Heuschnupfen!

the **pain**
[peɪn] *n*
der Schmerz

There's no remedy for **pain** like this.

Gegen diesen Schmerz ist kein Kraut gewachsen.

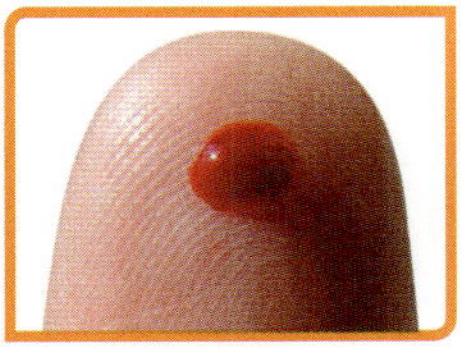

to **hurt oneself**
[tə ˈhɜːt wʌnˌself] *v*
sich verletzen

Call the emergency doctor, I'**ve hurt myself**!

Ruf den Notarzt, ich habe mich verletzt!

to **hurt**
[tə ˈhɜːt] *v*
wehtun, schmerzen, (sich) verletzen

It really **hurt** but he completely ignored me.

Es tat richtig weh, aber er hat mich überhaupt nicht beachtet.

to **be well**
[tə biː ˈwel] *v*
gut gehen

If the child **is well**, so is the mother.

Geht's dem Kind gut, geht's auch der Mutter gut.

to **bleed**
[tə 'bliːd] *v*
bluten

She **bled** less than I'd thought after all.

Sie blutete dann doch weniger, als ich gedacht hatte.

sick
[sɪk] *adj*
schlecht, übel

That green would make anyone feel **sick**.

Bei diesem Grün kann einem ja nur übel werden.

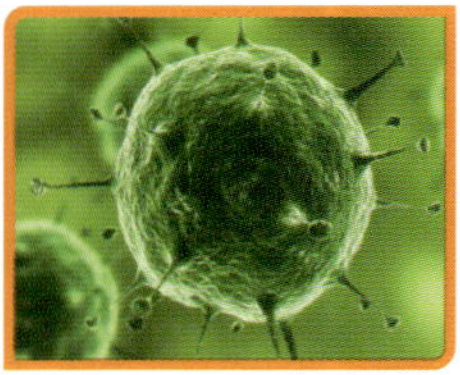

ill
[ɪl] *adj*
krank

I'm worried about these strange growths. Am I **ill**?

Diese komischen Auswüchse machen mir Sorgen. Bin ich krank?

the **headache**
['hedeɪk] *n*
die Kopfschmerzen

If only I knew where I get my **headaches** from?

Wenn ich nur wüsste, wo meine Kopfschmerzen herkommen.

to **suffer**
[tə 'sʌfə] *v*
leiden

Alexander **is suffering** in style.

Alexander leidet auf hohem Niveau.

to **cough**
[tə 'kɒf] *v*
husten

Whenever he wanted to appear cool, he needed to **cough**.

Immer wenn er cool sein wollte, musste er husten.

to **catch a cold**
[təˌkætʃ ə 'kəʊld] *phrase*
sich erkälten

It's easy to **catch a cold** from a friend like that.

Bei so einem Freund ist es leicht, sich zu erkälten.

to **sweat**
[tə 'swet] *v*
schwitzen

Hell is other people.
Especially when they **sweat**.

Die Hölle, das sind die anderen.
Vor allem, wenn sie schwitzen.

to **breathe**
[tə 'bri:ð] *v*
atmen

Since the children started living with Harry, I've been able to **breathe** freely again.

Seit die Kinder bei Harry leben, kann ich wieder frei atmen.

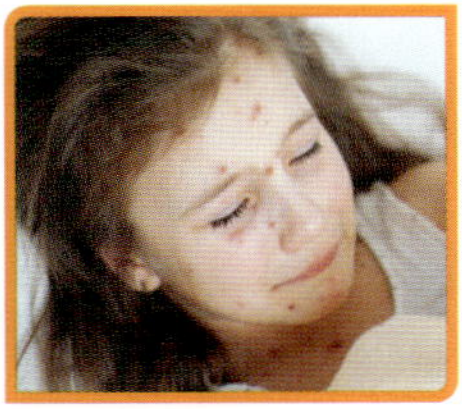

to **recover**
[tə rɪ'kʌvə] *v*
gesund werden

Of course you'**ll recover** – sometime.

Natürlich wirst du wieder gesund – irgendwann.

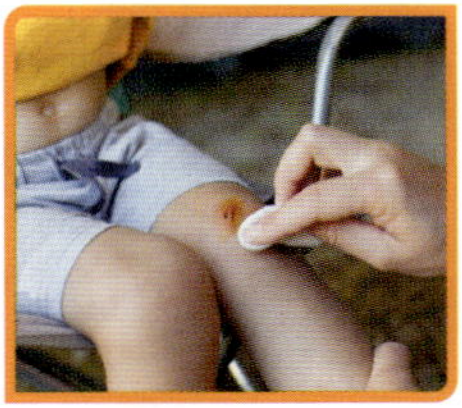

the **wound**
[wu:nd] *n*
die Wunde

Leave me alone, Mum.
It's just a flesh **wound**.

Lass mich, Mama, es ist nur eine Fleischwunde.

the **shock**
[ʃɒk] *n*
der Schock

I got a **shock** when he suddenly turned on the light.

Ich bekam einen Schock, als er plötzlich das Licht anmachte.

the **breath**
[breθ] *n*
der Atem

the **cough**
[kɒf] *n*
der Husten

the **sickness**
['sɪknəs] *n*
die Übelkeit

the **sweat**
[swet] *n*
der Schweiß

unconscious
[ʌn'kɒnʃəs] *adj*
bewusstlos

Unconcious or not, it's time we were leaving!

Bewusstlos oder nicht, wir müssen jetzt los!

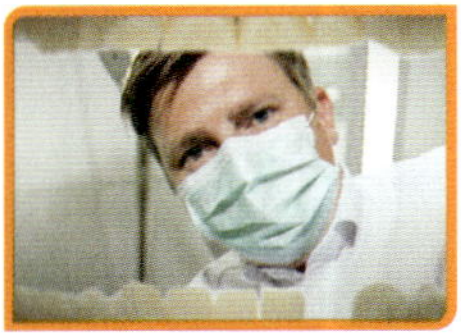

the dentist
['dentɪst] *n*
der Zahnarzt, die Zahnärztin

Even my tongue tensed up when it saw the **dentist**.

Sogar meine Zunge verkrampfte sich, als sie den Zahnarzt sah.

to prescribe
[tə prɪ'skraɪb] *v*
verschreiben

I can **prescribe** you a fantastic remedy for that.

Ich kann Ihnen da ein fantastisches Mittel verschreiben.

the doctor
['dɒktə] *n*
der Arzt, die Ärztin

Teddy's **doctor** is a real specialist.

Teddys Ärztin ist eine echte Spezialistin.

...Yes, yes, but at the other **pharmacy** they had more samples.

the pharmacy
['fɑːməsɪ] *n*
die Apotheke

... Ja, ja, aber in der anderen Apotheke gab's mehr Pröbchen.

medical
['medɪkl] *adj*
medizinisch

the treatment
['triːtmənt] *n*
die Behandlung

the prescription
[prɪ'skrɪpʃn] *n*
das Rezept

to examine
[tʊ ɪg'zæmɪn] *v*
untersuchen

the **examination**
[ɪɡˌzæmɪˈneɪʃn] *v*
die Untersuchung

Be assured that this **examination** is completely safe – for me.

Seien Sie versichert, diese Untersuchung ist völlig ungefährlich – für mich.

the **medication**
[ˌmedɪˈkeɪʃn] *n*
das Medikament

Today I'd like to try some different **medication**.

Heute möchte ich mal ein anderes Medikament ausprobieren.

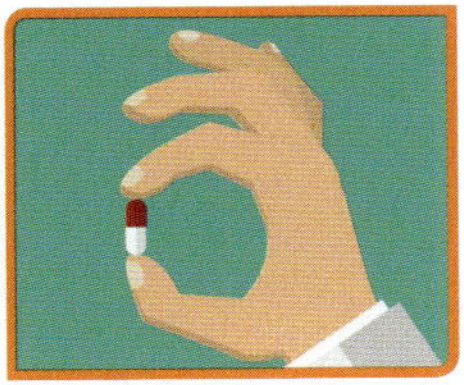

for
[fɔː] *prep*
für

The red half is **for** the stomach, the white **for** the gut.

Die rote Hälfte ist für den Magen, die weiße für den Darm.

the **medicine**
[ˈmedsn] *n*
die Medizin

Medicine means serving other people.

Medizin bedeutet Dienst am Menschen.

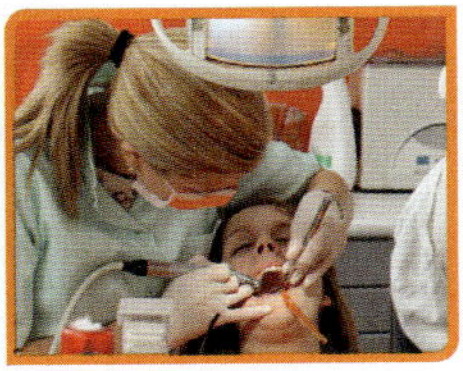

to **treat**
[tə ˈtriːt] *v*
behandeln

She felt well **treated**.

Sie fühlte sich gut behandelt.

the **check-up**
[ˈtʃekʌp] *n*
die Vorsorge-untersuchung

Congratulations, you're my 500th **check-up**!

Glückwunsch, Sie sind meine 500. Vorsorgeuntersuchung!

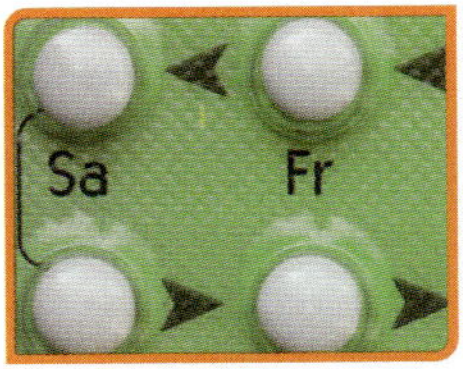

the **pill**
[pɪl] *n*
die Pille, die Tablette

Damn it, I've forgotten to take the **pill** again.

Mist, ich habe die Pille schon wieder vergessen.

the **patient**
['peɪʃnt] *n*
der Patient, die Patientin

A doctor needs to have a close relationship with his **patients**.

Ein Arzt braucht ein enges Verhältnis zu seinen Patienten.

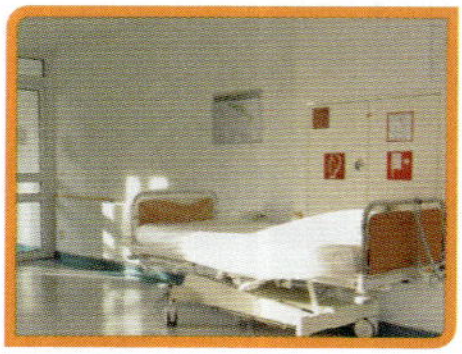

the **hospital**
['hɒspɪtl] *n*
das Krankenhaus

A bed has just become available at the **hospital**.

Im Krankenhaus ist just ein Bett frei geworden.

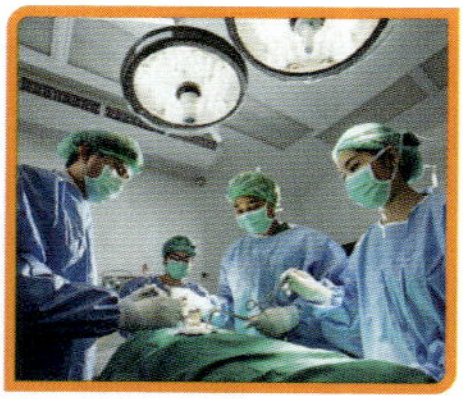

the **operation**
[ˌɒpə'reɪʃn] *n*
die Operation

This is already my third **operation** today.

Das ist heute schon meine dritte Operation.

the **surgery** BE, the **doctor's office** AE
['sɜːdʒərɪ], [dɒktərz 'ɒfɪs] *n*
die Praxis

Please expect long waiting times at the **surgery** today.

Bitte rechnen Sie heute mit längeren Wartezeiten in der Praxis.

dangerous
['deɪndʒərəs] *adj*
gefährlich

Just a moment ago the piste didn't look **dangerous** at all.

Gerade eben sah die Piste noch überhaupt nicht gefährlich aus.

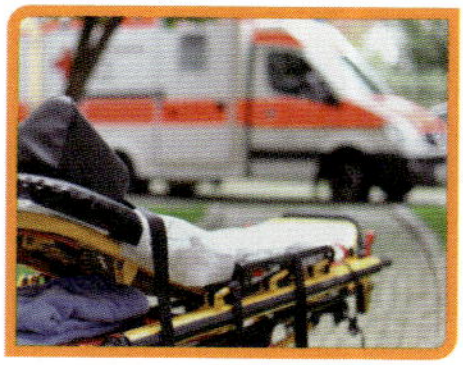

the **ambulance**
['æmbjələns] *n*
der Krankenwagen

Does this **ambulance** also have Wi-Fi?

Hat dieser Krankenwagen auch WLAN?

to **save**
[tə 'seɪv] *v*
retten

It was just a bit of fun. I'**ll save** you right away.

War nur ein Spaß. Ich rette dich ja gleich.

the nurse
['nɜːs] *n*
die Kranken-schwester

Really? The **nurse** inherits everything?

Wirklich? Die Krankenschwester erbt alles?

the alarm
[ə'lɑːm] *n*
der Alarm

When the **alarm** goes off, the whole hospital has to be evacuated.

Bei Alarm muss das ganze Krankenhaus evakuiert werden.

the male nurse
[ˌmeɪl 'nɜːs] *n*
der Krankenpfleger

…And the **male nurse** doesn't inherit a thing?

… Und der Krankenpfleger erbt nichts?

the emergency number
[ɪ'mɜːdʒənsɪ ˌnʌmbə] *n*
die Notrufnummer

Dial the **emergency number** and we'll be there.

Wählen Sie die Notrufnummer, dann kommen wir auch.

to call for help
[tə ˌkɔːl fə 'help] *phrase*
um Hilfe rufen

Go on, Dad, **call for help**!

Ruf doch um Hilfe, Papa!

the danger
['deɪndʒə] *n*
die Gefahr

the clinic
['klɪnɪk] *n*
die Klinik

to operate
[tʊ 'ɒpəreɪt] *v*
operieren

Help!
[help] *interj*
Hilfeeeeee!

KLEIDUNG

the clothes
[kləʊðz] *n*
die Kleidung

In a way we're all extremely naked in our **clothes**.

Irgendwie stecken wir doch alle sehr nackt in unseren Kleidern.

the dress
[dres] *n*
das Kleid

the shirt
[ʃɜːt] *n*
das Hemd

the trousers BE,
the pants AE
['traʊzəzs], [pænts] n
die Hose

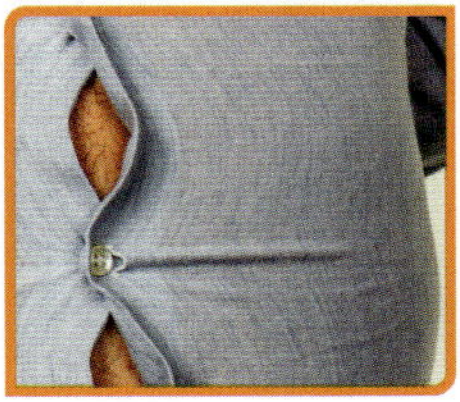

the size
[saɪz] *n*
die (Kleider)Größe

Excellent, sir.
Just your **size**!

Wunderbar, mein Herr, genau Ihre Größe!

to try on
[tə ˌtraɪ ˈɒn] *v*
anprobieren

Just **try** this hat **on**…

Probier mal diesen Hut an …

to fit
[tə ˈfɪt] *v*
passen

These shoes **will fit** in a couple of years…

In ein paar Jahren passen die Schuhe …

the skirt
[skɜːt] *n*
der Rock

I flew across the Atlantic in this **skirt**…

In diesem Rock bin ich über den Atlantik geflogen …

the suit
[suːt] *n*
der Anzug

He is charming, but his **suit** came from the pawnbroker's.

Charmant ist er ja, aber der Anzug ist aus dem Leihhaus.

the hat
[hæt] *n*
der Hut

I want that **hat** and no other!

Den Hut will ich, und sonst keinen!

the coat
[kəʊt] *n*
der Mantel

My Popsy would be so terribly cold without her **coat**.

Ohne Mantel würde meine Püppi doch so schrecklich frieren.

the glove
[glʌv] *n*
der Handschuh

Gloves like these make cleaning a real pleasure.

Mit solchen Handschuhen ist Putzen das reine Vergnügen.

the umbrella
[ʌmˈbrelə] *n*
der Regenschirm

You really pinched this **umbrella** off that guy over there?

Du hast den Regenschirm wirklich dem Typ da geklaut?

the glasses
[ˈglɑːsɪz] *n*
die Brille

Hey, I don't need **glasses** after all!

Hey, ich brauch' ja gar keine Brille!

the earring
[ˈɪərɪŋ] *n*
der Ohrring

I'll get at least 50 euros at the pawn shop for these **earrings**!

Beim Pfandleiher kriege ich mindestens 50 Euro für die Ohrringe!

the necklace
[ˈnekləs] *n*
die Halskette

The **necklace** is yours, and you are mine.

Die Halskette ist dein, und du bist mein.

the **(pair of) briefs**
[ˌpeər əv) ˈbriːfs] *n*
die Unterhose

to **change**
[tə ˈtʃeɪndʒ] *v*
sich umziehen

How long do you actually need to **get changed**?

Wie lange brauchst du eigentlich, um dich umzuziehen?

the **pullover**
[ˈpʊlˌəʊvə] *n*
der Pullover

the **sock**
[sɒk] *n*
die Socke

the **shoe**
[ʃuː] *n*
der Schuh

the **blouse**
[blaʊz] *n*
die Bluse

tight
[taɪt] *adj*
eng

It was **tight**, but we won.

Es war eng, aber wir haben gewonnen.

wide
[waɪd] *adj*
weit

Dancing in **wide** trousers is double the fun!

In weiten Hosen zu tanzen macht doppelt Spaß!

short
[ʃɔːt] *adj*
kurz

Her skirt was so **short** it was almost a belt.

Ihr Rock was so kurz, dass er schon fast wie ein Gürtel wirkte.

to **put on**
[tə ˌpʊt ˈɒn] *v*
anziehen

to **take off**
[tə ˌteɪk ˈɒf] *v*
ausziehen

Jacke ausziehen, Jacke anziehen – kannst du dich endlich mal entscheiden?

long
[lɒŋ] *adj*
lang

The dress was **long**, the marriage short.

Das Kleid war lang, die Ehe kurz.

to **put on one's clothes**
[tə ˌpʊt ˈɒn wʌnz ˈkləʊðz]
phrase
sich anziehen

to **take off one's clothes**
[tə ˌteɪk ɒf wʌnz ˈkləʊðz]
phrase
sich ausziehen

the **sunglasses**
['sʌŋglɑːsɪz] *n*
die Sonnenbrille

the **bikini**
[bɪ'kiːnɪ] *n*
der Bikini

the **quality**
['kwɒlətɪ] *n*
die Qualität

My swimsuit designer only delivers the best **quality**.

Mein Badeanzug-Schneider liefert nur beste Qualität.

the **swimsuit**
['swɪmsuːt] *n*
der Badeanzug

the **swimming trunks**
['swɪmɪŋ ˌtrʌŋks] *n*
die Badehose

to **wear**
[tə 'weə] *v*
tragen, anhaben

You can **wear** orange no matter what age you are.

Orange kann man in jedem Alter tragen.

the **pyjamas** BE,
the **pajamas** AE
[pə'dʒɑːməz], [pə'dʒæməz] *n*
der Schlafanzug

Bring me my **pyjamas**, Xerxes!

Bring mir meinen Pyjama, Xerxes!

the **nightshirt**
['naɪt ʃɜːt] *n*
das Nachthemd

I can't receive the duke in my **nightshirt**.

Ich kann den Herzog doch nicht im Nachthemd empfangen.

DIE ANDEREN

the **others**

['ʌðəz] *n*

die anderen

It's not my fault!
It was the **others**.

Ich kann nichts dafür!
Das waren die anderen.

the **grandmother**
['græn,mʌðə] *n*
die Großmutter

the **father**
['fɑːðə] *n*
der Vater

the **daughter**
['dɔːtə] *n*
die Tochter

the **son**
[sʌn] *n*
der Sohn

the **family**
['fæmlɪ] *n*
die Familie

When it's the cherry blossom season, we always play "happy **families**".

Zur Kirschblüte spielen wir immer „glückliche Familie".

the **sister**
['sɪstə] *n*
die Schwester

My **sister** is a stupid little snitch.

Meine Schwester ist 'ne blöde Petze.

the **brother**
['brʌðə] *n*
der Bruder

Tell me, are you **brothers**?

Sagt mal, seid ihr Brüder?

the **mum** BE,
the **mom** AE
[mʌm], [mɒm] n
die Mama

the **dad**
[dæd] *n*
der Papa

the **grandma**
['grænmɑː] *n*
die Oma

the **grandpa**
['grænpɑː] *n*
der Opa

the **parents**
['peərənts] *n*
die Eltern

Every year, my **parents** drag us off to the North Sea.

Jedes Jahr schleppen meine Eltern uns an die Nordsee.

the **aunt**
[ɑːnt] *n*
die Tante

Our **aunt** insisted on a kiss.

Unsere Tante bestand auf einem Küsschen.

the **uncle**
['ʌŋkl] *n*
der Onkel

Your **uncle** reckons himself to be a bit of a handyman, doesn't he?

Dein Onkel hält sich für einen großen Handwerker, was?

the **cousin**
['kʌzn] *n*
der Cousin, die Cousine

The duck stays out, **cousin**!

Cousin, die Ente bleibt draußen!

the **wife**
[waɪf] *n*
die Ehefrau

With a **wife** like that, you don't need a mistress.

Wer so eine Ehefrau hat, braucht keine Geliebte.

the **husband**
['hʌzbənd] *n*
der Ehemann

A dutiful **husband** is every mother-in-law's dream.

Ein braver Ehemann ist der Traum jeder Schwiegermutter.

the **couple**
['kʌpl] *n*
das Paar

What a lovely **couple**!

Was für ein schönes Paar!

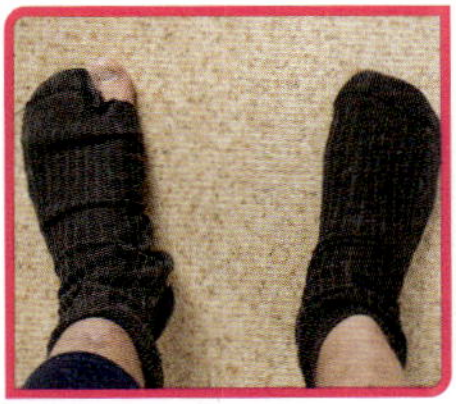

single
['sɪŋgl] *adj*
ledig

My feet will keep getting plenty of air as long as I stay **single**.

Solange ich ledig bleibe, bekommen meine Füße genügend Luft.

the **wedding**
['wedɪŋ] *n*
die Hochzeit

I need to get straight back to the office after the **wedding**, darling.

Nach der Hochzeit muss ich gleich wieder ins Büro, Schatz.

married
['mærɪd] *adj*
verheiratet

Just look at that, happily **married** for 52 years.

Gell, da schaust du: seit 52 Jahren glücklich verheiratet.

to **get married**
[tə ˌget 'mærɪd] *v*
heiraten

Why would I want to **get married** to a prince when I can have you?

Was soll ich einen Prinzen heiraten, wenn ich dich haben kann?

the **love**
[lʌv] *n*
die Liebe

Love is blind.

Blindlings trifft der Liebe Pfeil.

to **love**
[tə ˈlʌv] *v*
lieben

I **love** the feel of warm sand between my toes.

Ich liebe das Gefühl von warmem Sand zwischen meinen Zehen.

to **live together**
[tə ˈlɪv təˈgeðə] *v*
zusammenleben

Living together isn't always easy.

Zusammenzuleben ist nicht immer leicht.

the **kiss**
[kɪs] *n*
der Kuss

I woke Sleeping Beauty with a **kiss** like this.

Mit so einem Kuss habe ich damals schon Dornröschen geweckt.

to **kiss**
[tə ˈkɪs] *v*
(sich) küssen

Eugh, humans always **kiss** so softly.

Bah, Menschen küssen immer so weich.

Mr
['mɪstə] *n*
Herr

So, we meet again, **Mr** Bond!

So sehen wir uns wieder, Herr Bond!

Mrs, Ms
['mɪsɪz, mɪz] *n*
Frau

Congratulations on winning the beauty contest, **Mrs** Fu.

Ich gratuliere zum Gewinn des Schönheitswettbewerbs, Frau Fu.

Ms ist die heute gängige Anrede für Frauen allgemein; die alte Anrede Miss (Fräulein) wird jedoch noch von der älteren Generation für junge Mädchen verwendet. Die Anrede Mrs ist verheirateten Frauen vorbehalten.

to care about
[tə 'keə ə,baʊt] *v*
sich kümmern um

They **care about** grandma so much, they visit her at least once a year.

Sie kümmern sich sehr um Oma, sie besuchen sie mindestens einmal im Jahr.

faithful
['feɪθfl] *adj*
treu

Will you always be **faithful** to me, master?

Herrchen, wirst du mir immer treu bleiben?

unfaithful
[ʌn'feɪθfl] *adj*
untreu

No woman could fail to be **unfaithful** with me...

Bei mir wird garantiert jede Frau untreu ...

to hate
['tə 'heɪt] *v*
hassen

I **hate** pumpkin soup for breakfast.

Ich hasse Kürbissuppe zum Frühstück.

the hatred
['heɪtrɪd] *n*
der Hass

Hatred often goes hand in hand with stupidity.

Hass geht oft mit Dummheit einher.

to separate
[tə 'sepəreɪt] *v*
(sich) trennen

Perhaps we should **separate**…

Vielleicht sollten wir uns trennen …

the widow
['wɪdəʊ] *n*
die Witwe

So young and already a **widow**!

So jung und schon Witwe!

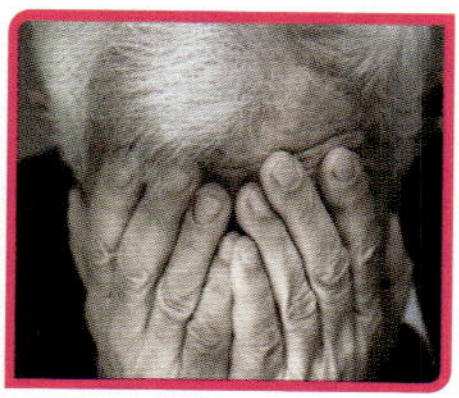

the widower
['wɪdəʊə] *n*
der Witwer

I wished I could do something to cheer the old **widower** up a bit.

Ich wollte, ich könnte den alten Witwer ein wenig aufheitern.

to get divorced
[get dɪ'vɔːst] *v*
sich scheiden lassen

The kids have been sleeping better since I **got divorced**.

Seit ich geschieden bin, schlafen die Kinder wieder ruhig.

the friend

[frend] *n*

der Freund, die Freundin

Once all my **friends** had jumped overboard, I finally had the boat to myself.

Nachdem alle meine Freunde von Bord waren, hatte ich das Boot endlich für mich.

the acquaintance

[ə'kweɪntəns] *n*

der Bekannte, die Bekannte

Sadly, she is just a casual **acquaintance**.

Leider ist sie nur eine flüchtige Bekannte.

the friendship

['frendʃɪp] *n*

die Freundschaft

Erwin and Karl-Heinz share a close **friendship**.

Erwin und Karl-Heinz verbindet eine tiefe Freundschaft.

friendly

['frendlɪ] *adj*

freundlich, freundschaftlich

We all gave a **friendly** smile.

Wir lächelten alle recht freundlich.

PERSONALPRONOMEN

I [aɪ] *pron* ich	**she** [ʃiː] *pron* sie
he [hiː] *pron* er	**you** [juː] *pron* ihr
we [wiː] *pron* wir	**it** [ɪt] *pron* es
you [juː] *pron* du	**they** [ðeɪ] *pron* sie

personal
['pɜːsnəl] *adj*
persönlich

Today, I'd like to write you a **personal** letter.

Heute möchte ich dir einen persönlichen Brief schreiben.

people
['piːpl] *n*
die Leute, die Menschen

There are so many **people**… Let's go home.

So viele Leute … Lass uns nach Hause gehen.

the **inhabitant**
[ɪn'hæbɪtənt] *n*
der Einwohner, die Einwohnerin

Just one of the city's ten million **inhabitants**.

Nur einer der zehn Millionen Einwohner der Stadt.

the **neighbour** BE, the **neighbor** AE
['neɪbə], ['neɪbər] *n*
der Nachbar, die Nachbarin

Have you seen the **neighbour's** new barbecue?

Hast du den neuen Grill vom Nachbarn gesehen?

the **guy**
[gaɪ] *n*
der Kerl

I wouldn't pick a fight with that **guy** if I were you!

Leg dich mit dem Kerl lieber nicht an!

together
[tə'geðə] *adv*
zusammen

We play **together** but only "La Cucaracha".

Wir spielen zusammen, aber immer nur „La Cucaracha".

to **meet**
[tə 'miːt] *v*
treffen

You're also from Cologne? Fancy us **meeting** here in Sydney!

Auch aus Köln? Und dann treffen wir uns hier in Sydney?

the gathering
[gæðərıŋ] *n*
das Treffen, die Begegnung

I have absolutely no recollection of the **gathering**.

An das Treffen habe ich gar keine Erinnerung mehr.

the meeting
['mi:tıŋ] *n*
die Versammlung

Welcome to the regular **meeting** of the Rabbit Breeders Society.

Ich begrüße Sie zur ordentlichen Versammlung des Kaninchenzüchter-Vereins.

to invite
[tʊ ın'vaıt] *n*
einladen

Sara isn't fussy about who she **invites** over.

Sara lädt schon wieder Hinz und Kunz ein.

to visit
[tə 'vızıt] *v*
besuchen

I **visit** my Eduard three times a week.

Dreimal die Woche besuche ich meinen Eduard.

the guest
[gest] *n*
der Gast

The **guests** were so embarrassing!

Die Gäste waren mehr als peinlich!

POSSESIVPRONOMEN

mine [maın] *pron* mein

your [jɔ:] *pron* dein

his [hız] *pron* sein

her [hɜ:] *pron* ihr

its [ıts] *pron* sein

our ['aʊə] *pron* unser

your [jɔ:] *pron* euer

their [ðeə] *pron* ihr

IM GESPRÄCH

to talk
[tə 'tɔːk] *v*
reden, sprechen

to speak
[tə 'spiːk] *v*
sprechen

Vanessa, rede nicht, während ich spreche!

the **conversation**
[ˌkɒnvəˈseɪʃn] *n*
das Gespräch

We were having a perfectly nice **conversation** until Julia mentioned Herbert.

Das Gespräch war nett – bis Julia Herbert erwähnte.

to **tell**
[tə ˈtel] *v*
mitteilen, erzählen

to **say**
[tə ˈseɪ] *v*
sagen

The crow **was telling** the story of when it was in Hitchcock's film. The cow **said** nothing.

Die Krähe erzählte von ihrem Film mit Hitchcock. Die Kuh sagte nichts.

the **speech**
[spiːtʃ] *n*
die Rede

Once you've started the **speech**, your nerves will vanish.

Wenn du die Rede erst begonnen hast, legt sich die Angst.

to **call**
[tə ˈkɔːl] *v*
(an)rufen, nennen

Don't **call** me an idiot and never **call** me again!

Nenn mich nicht Idiot und ruf mich nie wieder an!

to **be called**
[tə biː ˈkɔːld] *v*
heißen

She **is called** Rosie and she just wants to play.

Sie heißt Rosie und will nur spielen.

quiet
[ˈkwaɪət] *adj*
still

It was a bit too **quiet** down by the water…

Es war ein bisschen zu still am Wasser…

calm
[kɑːm] *adj*
ruhig

Although Lazio had lost, Antonio stayed incredibly **calm**.

Lazio Rom hatte verloren, aber Antonio blieb erstaunlich ruhig.

The **silence** in the children's room is wonderful...but we need to **be quiet** or we'll wake them up!

the **silence**
['saɪləns] *n*
das Schweigen, die Stille

to **be quiet**
[tə biː 'kwaɪət] *v*
schweigen, leise sein

Die Stille im Kinderzimmer ist einfach herrlich ... aber wir müssen leise sein, sonst wecken wir sie auf!

the **name**
[neɪm] *n*
der Name

What was that comic actor's **name** again?

Wie war doch gleich der Name von diesem Komiker?

Hello!, Hi!
[hə'ləʊ] *interj*
Hallo!

Hello, he said shyly.

Hallo, sagte er schüchtern.

the **last name**
[ˌlɑːst 'neɪm] *n*
der Nachname

Pleased to meet you! Is Wang your first name or your **last name**?

Sehr erfreut! Ist Wang Ihr Vor- oder Ihr Nachname?

the **first name**
[ˌfɜːst 'neɪm] *n*
der Vorname

Write down all your **first names** in the appropriate box.

Schreiben Sie alle Vornamen in das dafür vorgesehene Feld.

Welcome!
['welkəm] *interj*
Willkommen!

Welcome to our humble little noodle soup joint!

Willkommen in unserer bescheidenen Nudelsuppenbude!

Nice to meet you!
[ˌnaɪs tə ˈmiːt jʊ] *phrase*
Sehr erfreut!

Nice to meet you! I'm Mr Fisher.

Sehr erfreut! Ich bin Herr Fischer.

Good night!
[ˌgʊd ˈnaɪt] *interj*
Gute Nacht!

Good night, Mummy and Daddy. And don't be afraid, I'll be here if you need me.

Gute Nacht, Mama und Papa. Und habt keine Angst, ich bin ja da.

See you!
[ˈsiː jə] *interj*
Bis gleich! Bis dann!

See you! And make sure you bring the helicopter back on time!

Bis dann! Und bring den Hubschrauber rechtzeitig zurück!

Good morning!
[ˌgʊd ˈmɔːnɪŋ] *interj*
Guten Morgen!

Good afternoon!
[gʊd ˌɑːftəˈnuːn] *interj*
Guten Tag!

Good evening!
[ˌgʊd ˈiːvnɪŋ] *interj*
Guten Abend!

Goodbye!
[ˌgʊdˈbaɪ] *interj*
Auf Wiedersehen!

the question
[ˈkwestʃn] *n*
die Frage

To be or not to be, that is the **question**.

Sein oder nicht sein, das ist hier die Frage.

Pardon?
[ˈpɑːdn] *interj*
Wie bitte?

Pardon? I think it must be a bad line.

Wie bitte? Ich denke, die Leitung ist gestört.

to ask
[tʊ ˈɑːsk] *v*
fragen, bitten

Can I **ask** you something else? What are you doing after class?

Darf ich Sie noch etwas fragen? Was machen Sie nach dem Unterricht?

„Um etwas bitten" und „nach etwas fragen" wird im Englischen gleich ausgedrückt: to ask for sth.

the answer
[ˈɑːnsə] *n*
die Antwort

I know the **answer**!

Ich weiß die Antwort!

or
[ɔː] *conj*
oder

Hey, listen up, it's me **or** her!

Hey, hör mal – sie oder ich!

to answer
[tʊ ˈɑːnsə] *n*
antworten

Hansi **answers** any question, but he always says the same thing.

Hansi antwortet auf jede Frage, aber immer das Gleiche.

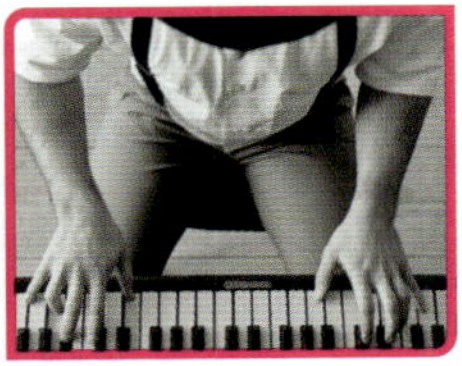

again
[ə'gen] *adv*
wieder, noch einmal

Play it **again**, Sam.
But stay in time this time.

Spiel's noch einmal, Sam. Aber diesmal im Rhythmus.

and
[ænd] *conj*
und

Mr Pepper **and** Mrs Salt hit it off right away.

Herr Pfeffer und Frau Salz waren sich auf Anhieb sympathisch.

yes
[jes] *adv*
ja

Yes, I do – what else am I going to say to you in a dress like that!

Ja, ich will – hättest du dir ja denken können, bei dem Kleid.

not
[nɒt] *adv*
nicht

I did **not** order it and I certainly don't think it's funny.

Ich habe das nicht bestellt, und ich finde das absolut nicht komisch.

no
[nəʊ] *adv*
nein

All you ever say is **no**!

Alles, was du sagen kannst, ist immer nur nein!

Es wirkt oft unhöflich, Fragen nur mit *yes* oder *no* zu beantworten. Auf Angebote antwortet man am besten mit *yes, please* oder *no, thank you*; auf andere Fragen mit den entsprechenden Kurzantworten, z.B. Are you enjoying your visit? – Yes, we are.

Thank you!
['θæŋk jʊ] *interj*
Danke (schön)!

Danke ... so eine schöne Lupe!

You're welcome!
[ˌjər 'welkəm] *interj*
Keine Ursache!

Keine Ursache! Und wenn du sie mal nicht brauchst, kann ich sie mir ausleihen ...?

please
[pliːz] *interj*
bitte

Another vodka, **please**.

Noch einen Wodka bitte.

to **want**
[tə 'wɒnt] *v*
wollen

I **want** a pony, Dad. Pleeeease!

Papa, ich will ein Pony. Biiiiiiiitteeeee!

to **demand**
[tə dɪ'mɑːnd] *v*
fordern, verlangen

We **demand** more time for demonstrations.

Wir fordern mehr Zeit fürs Demonstrieren.

to promise
[tə 'prɒmɪs] *v*
versprechen

I **promise** you I'll buy a new car tomorrow.

Ich verspreche dir, morgen kaufe ich ein neues Auto.

the permission
[pə'mɪʃn] *n*
die Erlaubnis

Permission was granted to enter the ladies' toilet.

Die Erlaubnis zum Betreten der Damentoilette wurde erteilt.

the order
['ɔːdə] *n*
der Befehl

My **orders** are not up for discussion!

Über meine Befehle wird nicht diskutiert!

to be allowed to
[tə biː ə'laʊd tə] *v*
dürfen

In the summer, I'**m** finally **allowed to** drink AND smoke again.

Im Sommer darf ich endlich wieder trinken UND rauchen.

to allow
[tʊ ə'laʊ] *v*
erlauben, gestatten

Sometimes my little darlings **allow** me to sit with them.

Meine Lieblinge erlauben mir ab und zu, mich zu ihnen zu setzen.

the demand
[dɪ'mɑːnd] *n*
die Forderung

to order
[tʊ 'ɔːdə] *v*
befehlen, anordnen

the promise
['prɒmɪs] *n*
das Versprechen

to prohibit
[tə prə'hɪbɪt] *v*
verbieten, untersagen

There are some things you need to **prohibit**.

Ein paar Dinge muss man eben verbieten.

the ban
[bæn] *n*
das Verbot

For Karl, a **ban** is just an added incentive.

Ein Verbot ist für Karl nur ein zusätzlicher Anreiz.

to discuss
[tə dɪˈskʌs] *v*
diskutieren

Müssen wir das jetzt hier vor allen diskutieren?

the opinion
[ə'pɪnjən] n
die Meinung, die Ansicht

I have no **opinion** at all on the matter…

Dazu hab' ich absolut keine Meinung …

to express
[tʊ ɪk'spres] v
ausdrücken

Music is my way of **expressing** myself.

Musik ist meine Art, mich auszudrücken.

to mean
[tə 'mi:n] v
meinen

Do you **mean** me?

Meinen Sie mich?

to suppose
[tə sə'pəʊz] v
annehmen, vermuten

I **suppose** you're writing to your ex…

Ich nehme an, Sie schreiben Ihrem Ex-Mann …

to convince
[tə kən'vɪns] v
überzeugen

Madam, you certainly know how to **convince** people!

Madame, Sie können wirklich überzeugen!

to seem
[tə 'si:m] v
scheinen

When I was little, everything **seemed** incredibly big.

Als ich klein war, schien alles unendlich groß zu sein.

to advise
[tʊ əd'vaɪz] v
empfehlen, (be)raten

I can only **advise** you to change your advisors.

Ich kann Ihnen nur raten, Ihre Berater zu wechseln.

different
['dɪfrənt] *adj*
verschieden

equal
['i:kwəl] *adj*
gleich

Different colours, **equal** weight.

Verschiedene Farben, gleiches Gewicht.

to **tolerate**
[tə 'tɒləreɪt] *v*
tolerieren, hinnehmen

We **tolerate** black sheep, too.

Wir tolerieren bei uns auch schwarze Schafe.

to **recommend**
[tə ˌrekə'mend] *v*
empfehlen

I can really **recommend** Tajikistan in spring.

Tadschikistan im Frühling kann ich wirklich empfehlen.

to **suggest**
[tə sə'dʒest] *v*
vorschlagen

I really ought to **suggest** a different restaurant.

Eigentlich müsste ich Ihnen ein anderes Restaurant vorschlagen.

to **agree**
[tʊ ə'gri:] *v*
zustimmen

If everyone **agrees**, then I'll like you, too.

Wenn alle zustimmen, bekommt ihr von mir auch ein „Like".

to **prefer**
[tə prɪ'fɜ:] *v*
vorziehen, bevorzugen

I **prefer** the blue, but I can't wear that to a Bayern Munich match.

Ich würde blau vorziehen, aber beim Bayern-Spiel geht das nicht.

the **opposite**
['ɒpəzɪt] *n*
das Gegenteil

Is tradition really the **opposite** of modernity?

Ist Tradition wirklich das Gegenteil von Moderne?

to **be wrong**
[tə bi: 'rɒŋ] *v*
unrecht haben

OK, ich hatte unrecht.
Das ist nicht dein Stil.

to **be right**
[tə bi: raɪt] *v*
recht haben

You **are right**. It was the Germans!

Du hast recht: Es waren die Deutschen!

the **reason**
['ri:zn] *n*
der Grund

I need a new chair.
The **reason** – my dog!

Ich brauche einen neuen Sessel;
der Grund – ist mein Hund!

the **difference**
['dɪfrəns] *n*
der Unterschied

the **recommen-dation**
[ˌrekəmen'deɪʃn] *n*
die Empfehlung

the **suggestion**
[sə'dʒestʃn] *n*
der Vorschlag

the **agreement**
[ə'gri:mənt] *n*
die Einigung

to help
[tə 'help] *v*
helfen

Perhaps you could **help** a bit, too!

Vielleicht könntest du auch ein bisschen helfen!

obvious
['ɒbvɪəs] *adj*
offensichtlich

It's **obvious** you like chocolate spread on your bread!

Du magst Schoko aufs Brot, das ist offensichtlich!

all right!
[ˌɔːl 'raɪt] *interj*
in Ordnung!

A bit more melon? – **All right!**

Darf's ein bisschen mehr Melone sein? – In Ordnung!

useful
['juːsfl] *adj*
nützlich

A small umbrella like this can be **useful** in so many different ways.

So ein kleiner Schirm kann in vielerlei Weise nützlich sein.

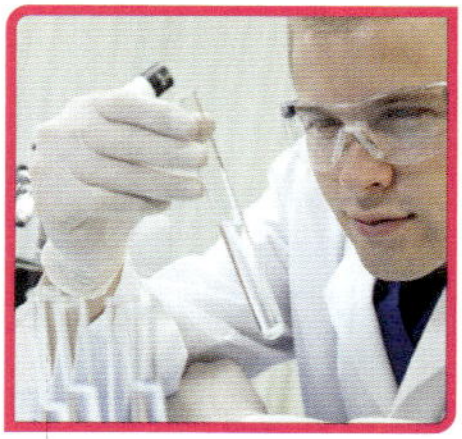

clear
[klɪə] *adj*
klar

Everything is **clear** now.

Jetzt ist die Sache klar.

the support
[sə'pɔːt] *n*
die Unterstützung

Thanks for your **support**.

Danke für deine Unterstützung.

the favour BE, **the favor** AE
['feɪvə], ['feɪvər] *n*
der Gefallen

Will you do me a **favour** and put some suntan lotion on my back?

Tust du mir den Gefallen und schmierst mir den Rücken ein?

exactly
[ɪg'zæktlɪ] *adv*
genau

Do **exactly** what I say and you'll hit the bullseye.

Tu genau, was ich dir sage, dann triffst du ins Gelbe.

important
[ɪm'pɔːtnt] *adj*
wichtig

You say the helmet's **important**, Mum, but you're not wearing one yourself.

Du sagst, der Helm ist wichtig, Mama, aber selber trägst du keinen.

that is to say
['ðæt ɪz tə ˌseɪ] *phrase*
das heißt

We are restructuring, **that is to say** there will be open-plan offices for everyone.

Es gibt also neue Strukturen, das heißt: Großraumbüros für alle.

for example
[fər ɪg'zɑːmpl] *phrase*
zum Beispiel

This scene, **for example**, is totally artificial.

Diese Szene zum Beispiel wirkt total künstlich.

to criticize
[tə 'krɪtɪsaɪz] *v*
kritisieren

Taking a careful look at something doesn't necessarily mean you have to **criticize** it.

Genau hinsehen bedeutet nicht gleich kritisieren.

useless
['juːsləs] *adj*
zwecklos, nutzlos

It's **useless** waiting. There won't be any more trains today.

Es ist zwecklos zu warten. Heute kommt kein Zug mehr.

the help
[help] *n*
die Hilfe

to support
[tə sə'pɔːt] *v*
unterstützen

the criticism
['krɪtɪsɪzm] *n*
die Kritik

the critic
['krɪtɪk] *n*
der Kritiker, die Kritikerin

against
[ə'genst] *prep*
gegen

I've got something **against** mosquitoes!

Ich hab' was gegen Mücken!

annoyed
[ə'nɔɪd] *adj*
sauer, ärgerlich

You always get **annoyed** at the slightest thing.

Bei jeder Kleinigkeit wirst du gleich sauer.

the **rage**
[reɪdʒ] *n*
die Wut

His **rage** made him look proud and beautiful.

Er wirkte stolz und schön in seiner Wut.

to **get upset**
[tə ˌget ʌp'set] *v*
sich aufregen

Please don't **get upset**, I just don't know.

Bitte, regen Sie sich nicht auf, ich weiß es einfach nicht.

to **argue**
[tʊ 'ɑːgjuː] *v*
(sich) streiten

Let's not **argue**, the flowers were expensive.

Lass uns nicht streiten, die Blumen waren teuer.

angry
['æŋgrɪ] *adj*
wütend

When Harry gets **angry**, he always gets his way.

Wenn Harry wütend wird, bekommt er, was er will.

to **disturb**
[tə dɪ'stɜːb] *v*
stören

Do not **disturb**!

Bitte nicht stören!

the **trouble**
['trʌbl] *n*
der Ärger

This pile of junk is always giving me **trouble**.

Immer macht mir die Dreckskarre Ärger.

because
[bɪˈkɒz] *conj*
weil

You're going to get tickled **because** you haven't got your socks on again.

Weil du schon wieder keine Socken anhast, wirst du gekitzelt.

if
[ɪf] *conj*
wenn, falls, ob

You'd have caught it **if** you'd jumped a bit higher.

Wenn du etwas höher gesprungen wärst, hättest du ihn gekriegt.

(in order) to
[(ɪn ˈɔːdə) tə] *conj*
um ... zu, damit

To get out, you need to press the button.

Um auszusteigen, musst du den Knopf drücken.

the **argument**
[ˈɑːgjʊmənt] *n*
der Streit, die Auseinandersetzung

This is an **argument** between men.

Das ist eine Auseinandersetzung unter Männern.

Would you like to...?
[ˌwʊd jə laɪk tə] *phrase*
Möchten Sie ...?

Come in!
[ˌkʌm 'ɪn] *interj*
Herein!

Please, help yourself!
['pliːz help jə'self] *phrase*
Bedienen Sie sich!; Bedien dich!

Yes, please.
['jes ˌpliːz] *phrase*
Ja, gern.

I'm sorry!
[aɪm 'sɒrɪ] *phrase*
Entschuldigung!

What's the matter?
[ˌwɒts ðə 'mætə] *phrase*
Was ist los?

I hope so.
[aɪ 'həʊp səʊ] *phrase*
Ich hoffe es.

I hope not.
[aɪ ,həʊp 'nɒt] *phrase*
Hoffentlich nicht.

Can I help you?
[,kən aɪ 'help jʊ] *phrase*
Sie wünschen?

All right.
[,ɔːl 'raɪt] *phrase*
Alles klar.

Here you are.
['hɪə jʊ 'ɑː] *phrase*
Hier, bitte schön.

I don't mind.
[aɪ 'dəʊnt 'maɪnd] *phrase*
Das ist mir egal.

I don't mind, I was going to buy a new car anyway.

Das ist mir egal, ich wollte sowieso einen neuen Wagen kaufen.

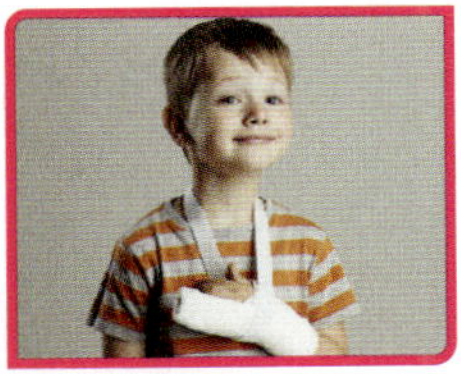

That doesn't matter.

[θæt dʌznt 'mætə] *phrase*

Das macht nichts.

It doesn't matter, I'm right-handed.

Das macht nichts, ich bin ja Rechtshänder.

Have a seat, please.

[ˌhæv ə 'siːt pliːz] *phrase*

Nehmen Sie bitte Platz.

Have a seat, please, my wife will be here any minute.

Nehmen Sie bitte Platz, meine Frau kommt auch gleich.

Don't worry!

['dəʊnt 'wʌrɪ] *phrase*

Keine Sorge!; Mach dir nichts draus!

Don't worry, I've only fallen off twice before.

Keine Sorge, ich bin erst zweimal runtergefallen.

Could you...?

['kʊd jə] *phrase*

Könnten Sie ...? Könntest du ...?

Could you try pushing a bit harder?

Könnten Sie vielleicht ein bisschen kräftiger schieben?

Look out!

[lʊk 'aʊt] *phrase*

Vorsicht!

Look out, the diver's got a harpoon.

Vorsicht! Der Taucher hat eine Harpune.

Would you please...?

[ˌwʊd jə 'pliːz] *phrase*

Würdest du bitte ...?

Would you please close the window?

Würdest du bitte das Fenster zumachen?

Let's...

[lets] *phrase*

Lassen Sie uns ...; Lass uns ...

Let's continue with the 2nd movement.

Lassen Sie uns mit dem 2. Satz weitermachen.

STAAT & POLITIK

the state
[steɪt] *n*
der Staat

Every **state** needs its own flag.

Jeder Staat braucht seine eigene Flagge.

the **foreigner**
['fɒrənə] *n*
der Ausländer, die Ausländerin

Foreigners looking for wild animals.

Ausländer auf der Suche nach wilden Tieren.

the **country**
['kʌntrɪ] *n*
das Land

People already lived in this **country** more than 1,500 years ago.

In diesem Land lebten schon vor über 1500 Jahren Menschen.

international
[ˌɪntə'næʃnəl] *adj*
international

We're going to have to re-route you on an **international** flight.

Wir müssen Sie über eine internationale Verbindung umleiten.

national
['næʃnəl] *adj*
national, National-

I can be very noisy when the **national** team is playing.

Wenn die Nationalelf spielt, kann ich sehr laut werden.

the **flag**
[flæg] *n*
die Fahne, die Flagge

Guests are greeted by lots of little **flags** fluttering in the breeze.

Die vielen kleinen Fahnen begrüßen flatternd die Gäste.

the **nation**
[neɪʃn] *n*
die Nation

the **nationality**
[ˌnæʃə'nælətɪ] *n*
die Nationalität

foreign
['fɒrən] *adj*
ausländisch, fremd

state
[steɪt] *adj*
staatlich

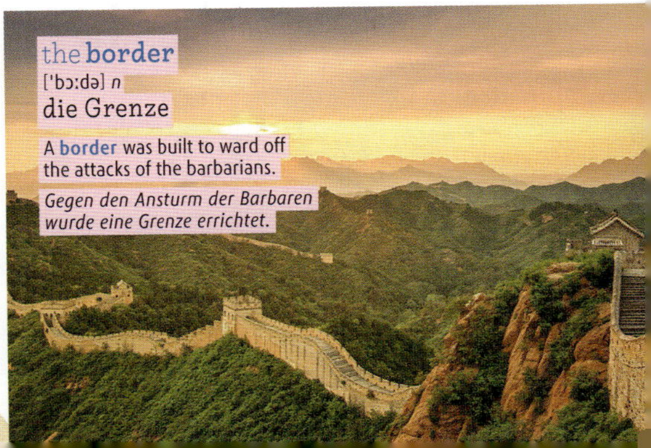

the **border**
['bɔːdə] *n*
die Grenze

A **border** was built to ward off the attacks of the barbarians.

Gegen den Ansturm der Barbaren wurde eine Grenze errichtet.

the **government**
['gʌvnmənt] *n*
die Regierung

The **government** has close links to the Church.

Die Regierung hat enge Verbindungen zur Kirche.

the **president**
['prezɪdənt] *n*
der Präsident, die Präsidentin

Stony-faced **presidents**.

Präsidenten mit versteinerter Miene.

the **parliament**
['pɑːləmənt] *n*
das Parlament

Not every member of **parliament** turned out for the vote.

Das Parlament war bei der Abstimmung nicht vollzählig.

the **opposition**
[ˌɒpəˈzɪʃn] *n*
die Opposition

The **opposition** is refusing to budge!

Die Opposition bleibt standhaft!

democratic
[ˌdeməˈkrætɪk] *adj*
demokratisch

Let's decide in a **democratic** manner.

Lassen Sie uns das auf demokratische Weise entscheiden.

Einige Minister werden auch als secretary bezeichnet, der Außenminister z. B. Secretary of State.

the **minister**
['mɪnɪstə] *n*
der Minister, die Ministerin

A **minister** at last, after 45 years in politics.

45 Jahre in der Politik und erst jetzt endlich Minister.

the party
['pɑːtɪ] *n*
die Partei

The **party** threw a massive party.

Die Partei feierte eine rauschende Party.

the power
['paʊə] *n*
die Macht

He still wields great **power**, even without his lightsabre.

Auch ohne sein Lichtschwert übt er große Macht aus.

politics
['pɒlətɪks] *n*
die Politik

I haven't got a clue about **politics**.

Von Politik hab' ich keine Ahnung.

the embassy
['embəsɪ] *n*
die Botschaft

The **embassy** welcomes visitors.

Die Botschaft heißt ihre Besucher willkommen.

to govern
[tə 'gʌvn] *v*
regieren

the democracy
[dɪ'mɒkrəsɪ] *n*
die Demokratie

powerful
['paʊəfl] *adj*
mächtig

the Member of Parliament
BE
[ˌmembə əv 'pɑːləmənt] *n*
der/die Abgeordnete

political
[pə'lɪtɪkl] *adj*
politisch

the consulate
['kɒnsjʊlət] *n*
das Konsulat

the population
[ˌpɒpjʊ'leɪʃn] *n*
die Bevölkerung

to **suppress**
[tə sə'pres] *v*
unterdrücken

She tried in vain to **suppress** the sneeze.

Sie versuchte vergeblich, das Niesen zu unterdrücken.

the **dictator**
[dɪk'teɪtə(r)] *n*
der Diktator

This **dictator** is a joke.

Dieser Diktator ist ein Witz.

to **influence**
[tʊ 'ɪnflʊəns] *v*
beeinflussen

Dr Schmidt knows how to **influence** decisions.

Herr Dr. Schmidt weiß, wie man Entscheidungen beeinflusst.

to **sign**
[tə 'saɪn] *v*
unterschreiben

She didn't even look at what she **was signing**.

Sie achtete überhaupt nicht darauf, was sie unterschrieb.

the **form**
[fɔːm] *n*
das Formular

You have to fill all the **forms** out before you receive treatment.

Vor der Behandlung müssen Sie erst alle Formulare ausfüllen.

official
[ə'fɪʃl] *adj*
offiziell, amtlich

It's **official** now. The nurse inherits everything.

Jetzt ist es amtlich: Die Krankenschwester erbt alles.

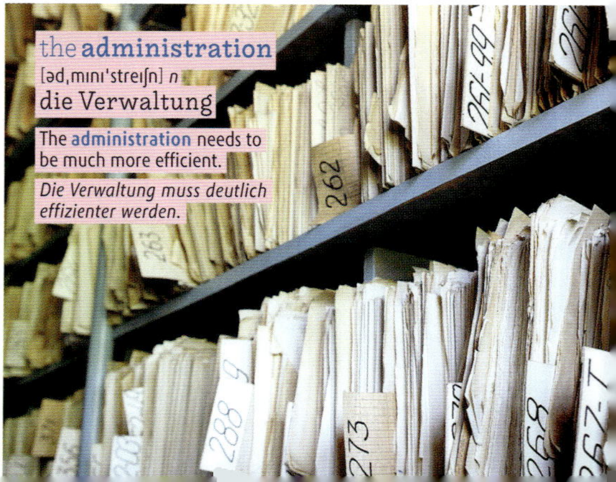

the **administration**
[əd,mɪnɪ'streɪʃn] *n*
die Verwaltung

The **administration** needs to be much more efficient.

Die Verwaltung muss deutlich effizienter werden.

the **crown**
[kraʊn] *n*
die Krone

This **crown** is too big for you, Your Honour.

Diese Krone ist zu groß für Sie, Herr Vorsitzender.

the **queen**
[kwi:n] *n*
die Königin

The **queen** was very amused.

Die Königin war sehr erfreut.

the **history**
['hɪstrɪ] *n*
die Geschichte

Greek culture has declined a bit over the course of **history**.

Im Lauf der Geschichte hat die griechische Kultur ein wenig abgebaut.

the **king**
[kɪŋ] *n*
der König

The **kings** thought they must have come to the wrong place.

Die Könige glaubten schon, sich verirrt zu haben.

safe
[seɪf] *adj*
sicher

Your money is **safe** with me.

Dein Geld ist bei mir sicher.

the **emperor**
['empərə] *n*
der Kaiser

the **monarch**
['mɒnək] *n*
der Herrscher, die Herrscherin

the **monarchy**
['mɒnəkɪ] *n*
die Monarchie

the **kingdom**
['kɪŋdəm] *n*
das Königreich

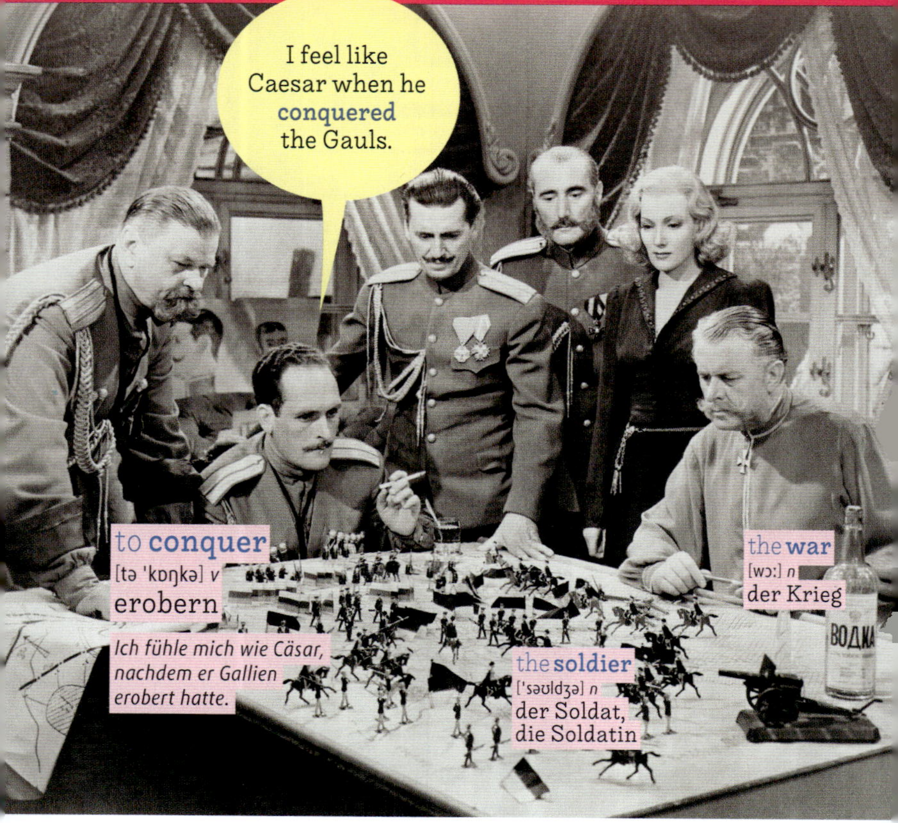

to **conquer**
[tə ˈkɒŋkə] *v*
erobern

Ich fühle mich wie Cäsar, nachdem er Gallien erobert hatte.

the **war**
[wɔː] *n*
der Krieg

the **soldier**
[ˈsəʊldʒə] *n*
der Soldat, die Soldatin

the **army**
[ˈɑːmɪ] *n*
die Armee

A terracotta **army** guarded the emperor's grave.

Eine Armee aus Terrakotta bewachte das Grab des Kaisers.

the **navy**
[ˈneɪvɪ] *n*
die Marine

The Swiss **navy** now has its very own submarine.

Die Marine der Schweiz hat jetzt auch ein U-Boot.

the **air force**
[ˈeə fɔːs] *n*
die Luftwaffe

The **air force** welcomes all new applicants.

Die Luftwaffe freut sich über jeden neuen Bewerber.

the enemy
['enəmɪ] *n*
der Feind, die Feindin

For some sportsmen, their opponents become their **enemies**.

Für manchen Sportler wird der Gegner zum Feind.

to fight
[tə 'faɪt] *v*
kämpfen

Stop **fighting** at once!

Hört sofort auf zu kämpfen!

the conflict
['kɒnflɪkt] *n*
der Konflikt

It will be impossible to solve the **conflict** if nobody budges.

Solange keiner nachgibt, bleibt der Konflikt unlösbar.

the terrorist
['terərɪst] *n*
der Terrorist, die Terroristin

You're treating me as if I was a **terrorist**!

Sie behandeln mich, als wäre ich eine Terroristin!

armed
[ɑːmd] *adj*
bewaffnet

Be careful, he's **armed**!

Vorsicht, er ist bewaffnet!

the weapon
['wepən] *n*
die Waffe

David was interested in **weapons** from when he was a small boy.

David interessierte sich schon als kleiner Junge für Waffen.

to shoot
[tə 'ʃuːt] *v*
schießen

When I **shoot**, the ducks die of laughter.

Wenn ich schieße, lachen sich die Enten tot.

peaceful
['piːsfl] *adj*
friedlich

She stayed **peaceful** as long as I let her have my guitar.

Solange ich ihr meine Gitarre ließ, blieb sie friedlich.

the peace
[piːs] *n*
der Frieden

We need to hold onto **peace** – as forcefully as possible.

Man muss den Frieden festhalten – mit aller Gewalt.

the society
[sə'saɪətɪ] *n*
die Gesellschaft

You need to find your own place in **society** – without any satnavs or GPS devices.

Du musst deinen Platz in der Gesellschaft finden – ganz ohne GPS und Navi.

the public
['pʌblɪk] *n*
die Öffentlichkeit

If you're in the **public** eye, you should expect to be watched.

Wer in der Öffentlichkeit steht, muss mit Beobachtung rechnen.

private
['praɪvət] *adj*
privat, Privat-

Flying is so much more fun in a **private** jet.

Im Privatjet fliegt sich's einfach am angenehmsten.

poor
[pɔː] *adj*
arm

Being **poor** doesn't mean you can't keep your dignity.

Wer arm ist, kann trotzdem seine Würde bewahren.

rich
[rɪtʃ] *adj*
reich

We're **rich**, we're beautiful – anything else you need to know?

Wir sind reich, wir sind schön – sonst noch Fragen?

the lack
[læk] *n*
der Mangel

There would be no **lack** of legroom if I was in a private jet.

In einem Privatjet hätte ich jetzt keinen Platzmangel.

the misery
['mɪzərɪ] *n*
das Elend

We can only imagine the **misery** the poor dog felt.

Das Elend dieses armen Hundes mag man sich kaum vorstellen.

public
['pʌblɪk] *adj*
öffentlich

social
['səʊʃl] *adj*
sozial, gesellschaftlich

the wealth
[welθ] *n*
der Reichtum

the poverty
['pɒvətɪ] *n*
die Armut

the **religion**
[rɪˈlɪdʒən] *n*
die Religion

Religion is the belief in a higher power.

Religion ist der Glaube an eine Macht, die über dem Menschen steht.

the **god**
[gɒd] *n*
der Gott

Egypt's rulers were also revered as **gods**.

Ägyptens Herrscher wurden auch als Götter verehrt.

Nichtchristliche Götter werden klein geschrieben, der christliche Gott groß: God. Die Femininform lautet the goddess.

to **pray**
[tə ˈpreɪ] *v*
beten

Don't say anything until he's finished **praying**.

Sag nichts, bis er mit dem Beten fertig ist.

the **faith**
[feɪθ] *n*
der Glaube

Their **faith** has got them here to Mekka.

Ihr Glaube hat sie bis nach Mekka gebracht.

the **freedom**
['fri:dəm] *n*
die Freiheit

Freedom can also be quite hard work.

Freiheit kann auch ganz schön anstrengend sein.

the **atheist**
['eɪθiɪst] *n*
der Atheist, die Atheistin

Is this man really an **atheist**?

Ist dieser Mann wirklich ein Atheist?

the **justice**
['dʒʌstɪs] *n*
die Gerechtigkeit

Justice is blind, but it doesn't mind being gilded.

Die Gerechtigkeit ist blind, aber sie lässt sich gerne vergolden.

innocent
['ɪnəsənt] *adj*
unschuldig

Jan only looks this **innocent** when he's asleep.

So unschuldig sieht Jan nur aus, wenn er schläft.

guilty
['gɪltɪ] *adj*
schuldig

Not everyone in jail is necessarily **guilty**.

Nicht jeder, der im Gefängnis sitzt, muss auch schuldig sein.

moral
['mɒrəl] *adj*
moralisch

I have sworn to live a **moral** life.

Ich habe geschworen, ein moralisches Leben zu führen.

the **existence**
[ɪg'zɪstəns] *n*
die Existenz

to **exist**
[tʊ ɪg'zɪst] *v*
existieren

religious
[rɪ'lɪdʒəs] *adj*
religiös, Religions-

the **guilt**
[gɪlt] *n*
die Schuld

free
[fri:] *adj*
frei

immoral
[ɪ'mɒrəl] *adj*
unmoralisch

just
[dʒʌst] *adj*
gerecht

unjust
[ˌʌn'dʒʌst] *adj*
ungerecht

the law
[lɔː] *n*
das Gesetz

Seriously? You learned all these **laws** off by heart?

Echt? Sie haben alle diese Gesetze auswendig gelernt?

the right
[raɪt] *n*
das Recht

Freedom of speech is a basic human **right**.

Meinungsfreiheit gehört zu den grundlegenden Menschenrechten.

legal
['liːgl] *adj*
legal

Do you really think spray painting graffiti is **legal** here?

Glaubst du wirklich, dass Sprayen hier legal ist?

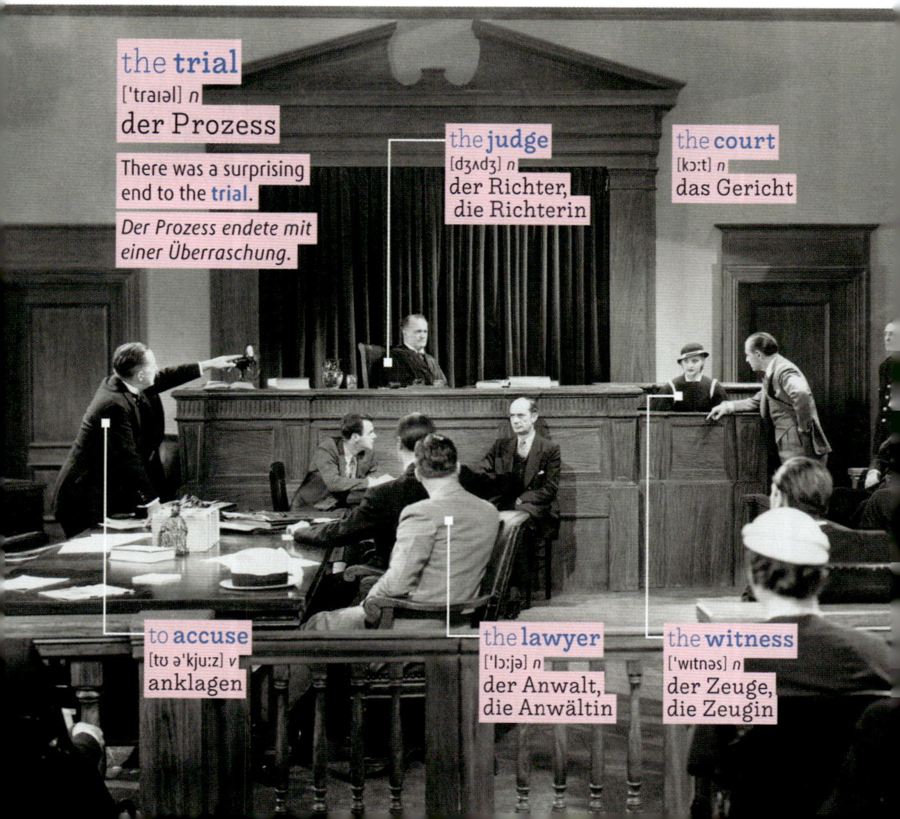

the trial
['traɪəl] *n*
der Prozess

There was a surprising end to the **trial**.

Der Prozess endete mit einer Überraschung.

the judge
[dʒʌdʒ] *n*
der Richter, die Richterin

the court
[kɔːt] *n*
das Gericht

to accuse
[tʊ ə'kjuːz] *v*
anklagen

the lawyer
['lɔːjə] *n*
der Anwalt, die Anwältin

the witness
['wɪtnəs] *n*
der Zeuge, die Zeugin

the **victim**
['vɪktɪm] *n*
das Opfer

No more being the **victim**! I'm starting taekwondo tomorrow.

Nie wieder Opfer! Morgen gehe ich zum Taekwondo.

the **crime**
[kraɪm] *n*
das Verbrechen

Crime is our business.

Verbrechen ist unser Geschäft.

to **steal**
[tə 'sti:l] *v*
stehlen

What do you mean **stealing**? We're hungry!

Was heißt hier stehlen? Wir haben Hunger!

the **punishment**
['pʌnɪʃmənt] *n*
die Strafe

Ben thought his **punishment** terribly unfair.

Ben fand seine Strafe furchtbar ungerecht.

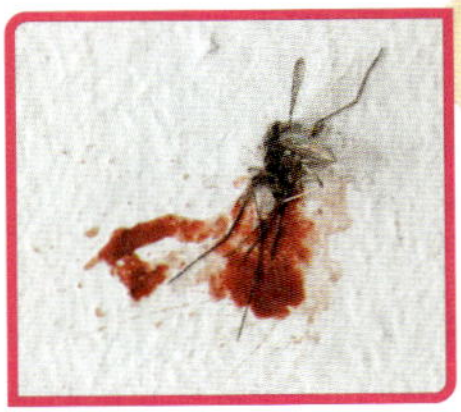

to **kill**
[tə 'kɪl] *v*
töten, umbringen

Erika, look, I **killed** this mosquito all by myself.

Schau mal, Erika: Diese Mücke habe ich selbst getötet.

the **theft**
[θeft] *n*
der Diebstahl

the **accused**
[ə'kju:zd] *n*
der Angeklagte, die Angeklagte

the **murder**
['mɜ:də] *n*
der Mord

illegal
[ɪ'li:gl] *adj*
illegal

WIRTSCHAFT & TECHNIK

the industry
['ɪndəstrɪ] *n*
die Industrie

Jobs in **industry** have become scarce.

In der Industrie sind die Arbeitsplätze rar geworden.

the firm, the company
[fɜːm] *n*
die Firma

We may be small, but we're still a proper **company**.

Wir sind zwar klein, aber schon eine richtige Firma.

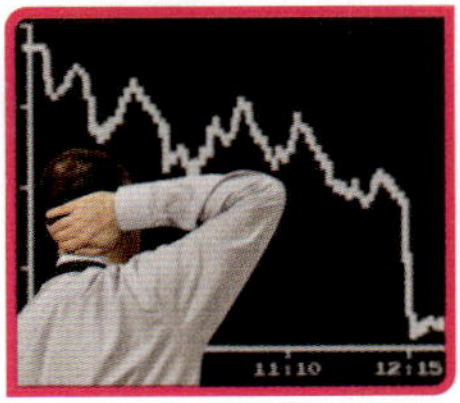

the economy
[ɪ'kɒnəmɪ] *n*
die Wirtschaft

The **economy** is up and down like a yo-yo.

Mit der Wirtschaft geht es ständig auf und ab.

the bank
[bæŋk] *n*
die Bank

In London, the **banks** have their own district.

Die Banken haben in London ein eigenes Viertel.

to save
[tə 'seɪv] *v*
sparen

I like to **save** myself the bother of a savings account.

Auf einem Sparbuch zu sparen kann ich mir sparen.

to change
[tə 'tʃeɪndʒ] *v*
wechseln

How hard can it be? I just want to **change** all my coins into notes.

Das kann doch nicht so schwer sein: Ich würde gern alle meine Münzen in Scheine wechseln.

the merchandise, the goods
['mɜːtʃəndaɪz, gʊdz] *n*
die Ware

I find the huge range of **goods** overwhelming.

Das große Angebot an Waren überfordert mich.

the public limited company BE, **the corporation** AE
[ˌpʌblɪk ˌlɪmɪtəd 'kʌmpənɪ], [ˌkɔːrpə'reɪʃn] *n*
die Aktiengesellschaft

the demand
[dɪ'mɑːnd] *n*
die Nachfrage

the turnover
['tɜːnˌəʊvə] *n*
der Umsatz

the insurance
[ɪn'ʃʊərəns] *n*
die Versicherung

I'll just have to hope that the **insurance** pays out.

Ich kann nur hoffen, dass die Versicherung zahlt.

the debts
[dets] *n*
die Schulden

The wife and the dog have upped and left and all that's left are the **debts**.

Frau und Hund auf und davon, geblieben sind nur die Schulden.

the change
[tʃeɪndʒ] *n*
das Kleingeld

Thanks, the **change** will come in very handy.

Vielen Dank, das Kleingeld kann ich gut gebrauchen.

the money
['mʌnɪ] *n*
das Geld

Money doesn't matter to me at all – as long as I have a credit card.

Ich finde Geld total unwichtig – solange ich 'ne Kreditkarte habe.

the credit card
['kredɪt kɑːd] *n*
die Kreditkarte

the coin
[kɔɪn] *n*
die Münze

the (bank)note BE, **the bill** AE
[('bæŋk)nəʊt], [bɪl] *n*
die Banknote

the cent
[sent] *n*
der Cent

the euro
['jʊərəʊ] *n*
der Euro

to **increase**
[tʊ ɪn'kriːs] *v*
erhöhen, steigern

We need to **increase** our speed or we'll get stuck here.

Wir müssen die Geschwindigkeit erhöhen, sonst hängen wir hier fest.

to **be worthwhile**
[tə biː ˌwɜːθ'waɪl] *v*
sich lohnen

It's not **worthwhile** repairing this lot anymore.

Hier lohnt sich eine Reparatur nicht mehr.

to **import**
[tʊ ɪm'pɔːt] *v*
importieren, einführen

All these fruits **are imported**.

All diese Früchte sind importiert.

the **order**
['ɔːdə] *n*
der Auftrag, die Bestellung

Giving our **order** to the hard-of-hearing waiter was quite tricky.

Die Bestellung beim schwerhörigen Kellner wurde kompliziert.

to **reduce**
[tə rɪ'djuːs] *v*
verringern, senken

All of a sudden, Count Wumme **reduced** his speed.

Urplötzlich verringerte Graf Wumme sein Tempo.

to **decrease**
[tə diː'kriːs] *v*
sinken, sich verringern

to **owe**
[tʊ əʊ] *v*
schulden

to **export**
[tʊ ɪk'spɔːt] *v*
exportieren, ausführen

to **insure**
[tʊ ɪn'ʃʊə] *v*
versichern

the agriculture
['ægrɪkʌltʃə] *n*
die Landwirtschaft

This way, I get to combine **agriculture** and flying.

So kann ich Landwirtschaft und Fliegen miteinander verbinden.

to plant
[tə 'plɑːnt] *v*
pflanzen

I **planted** them yesterday and watered them today, so where are the tomatoes?

Gestern gepflanzt, heute gegossen – wo bleiben die Tomaten?

fertile
['fɜːtaɪl] *adj*
fruchtbar

I just wish my panda was that **fertile**!

Wenn nur mein Pandabär auch so fruchtbar wäre!

agricultural
[ˌægrɪ'kʌltʃrəl] *adj*
landwirtschaftlich

to harvest
[tə 'hɑːvɪst] *v*
ernten

the method
['meθəd] *n*
die Methode

the **harvest**
['hɑːvɪst] *n*
die Ernte

The **harvest** was particularly good this year, unlike the wages.

Die Ernte war dieses Jahr besonders ertragreich. Der Lohn dagegen weniger.

to **grow**
[tə 'grəʊ] *v*
anbauen

Our family **has been growing** rice for three generations.

Unsere Familie baut seit drei Generationen Reis an.

the **way**
[weɪ] *n*
die Art und Weise

I find your **way** of playing draughts incredibly annoying.

Deine Art und Weise, Dame zu spielen, nervt mich kolossal.

how
[haʊ] *conj*
wie

Do you really know **how** to repair it?

Weißt du wirklich, wie man das repariert?

the **farm**
[fɑːm] *n*
der Bauernhof

There was a **farm** right behind the fields.

Gleich hinter den Feldern lag ein Bauernhof.

the **field**
[fiːld] *n*
das Feld

the machine
[mə'ʃiːn] *n*
die Maschine, das Gerät

The **machine** that has really changed our lives is the washing machine.

Die Maschine, die unser Leben wirklich verändert hat, ist die Waschmaschine.

to work
[tə 'wɜːk] *v*
funktionieren

Do you really think they still **work**, sweetie?

Glaubst du wirklich, die funktionieren noch, Bärchen?

electric
[ɪ'lektrɪk] *adj*
elektrisch

From now on I'll only be using your **electric** toothbrush, Daddy.

Ich benutze jetzt nur noch deine elektrische Zahnbürste, Papa.

the engine
['endʒɪn] *n*
der Motor, die Maschine

The car **engine** production line is driven by electric motors.

Elektromotoren treiben die Fertigungsstraße der Automotoren an.

to discover
[tə dɪ'skʌvə] *v*
entdecken

Houston? I'**ve discovered** what look like footprints here…

Houston? Ich glaube, ich habe hier Fußspuren entdeckt…

to invent
[tʊ ɪn'vent] *v*
erfinden

I'**ve invented** a machine that can read her mind.

Ich habe ein Gerät erfunden, das ihre Gedanken lesen kann.

the power
['paʊə] *n*
die Kraft, die Energie

The dam generates hydroelectric **power**.

Der Damm erzeugt elektrische Energie aus der Kraft des Wassers.

the energy
['enədʒɪ] *n*
die Energie

If it's windy, the city is supplied with **energy**.

Wenn Wind weht, wird die Stadt mit Energie versorgt.

the system
['sɪstəm] *n*
das System

A good **system** is expandable.

Ein gutes System kann man erweitern.

to build
[tə 'bɪld] *v*
bauen

This **is built** to last.

Ich baue hier für die Ewigkeit.

the electricity
[ɪˌlek'trɪsətɪ] *n*
die Elektrizität

the discovery
[dɪ'skʌvərɪ] *n*
die Entdeckung

the invention
[ɪn'venʃn] *n*
die Erfindung

the function
['fʌŋkʃn] *n*
die Funktion

the material
[mə'tɪərɪəl] *n*
das Material, der Stoff

There's no such thing as waste, just **material** for new opportunities.

Es gibt keinen Abfall, nur Material für Möglichkeiten.

the glass
[glɑːs] *n*
das Glas

the plastic
['plæstɪk] *n*
der Kunststoff, das Plastik

to repair
[tə rɪ'peə] *v*
reparieren

How much longer will people still be able to **repair** cars themselves?

Wie lange man Autos wohl noch selbst reparieren kann?

precisely
[prɪ'saɪslɪ] *adv*
genau

Give me a second and I'll be able to tell you **precisely** what time it is.

Gleich sage ich dir, wie spät es genau ist.

thin
[θɪn] *adj*
dünn

thick
[ðɪk] *adj*
dick

Come on, make your mind up – do you want the **thick** rope or the **thin** one?

Meine Güte, entscheide dich: das dicke oder das dünne Seil?

soft
[sɒft] *adj*
weich

Nothing's as **soft** as my teddy bear.

Sooo weich ist nur mein Teddybär.

hard
[hɑːd] *adj*
hart

I've worked **hard** for the engagement.

Ich habe für die Verlobung hart gearbeitet.

fragile
[ˈfrædʒaɪl] *adj*
zerbrechlich

Gee! They're **fragile**!

Na sowas! Die sind zerbrechlich.

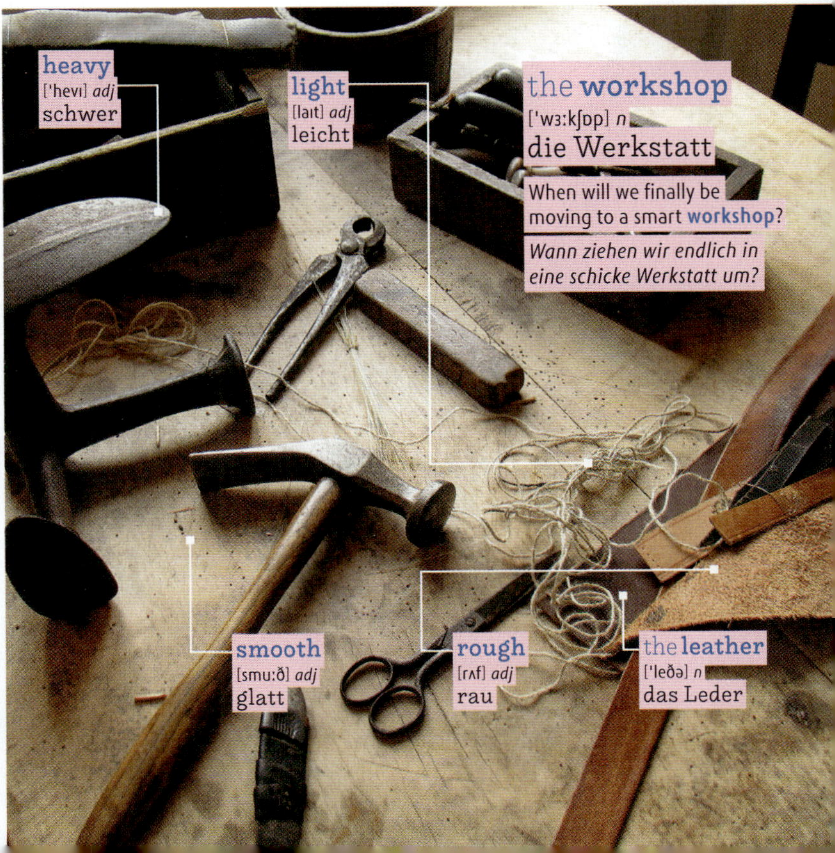

heavy
[ˈhevɪ] *adj*
schwer

light
[laɪt] *adj*
leicht

the **workshop**
[ˈwɜːkʃɒp] *n*
die Werkstatt

When will we finally be moving to a smart **workshop**?

Wann ziehen wir endlich in eine schicke Werkstatt um?

smooth
[smuːð] *adj*
glatt

rough
[rʌf] *adj*
rau

the **leather**
[ˈleðə] *n*
das Leder

the **life**

[laɪf] *n*

das Leben

In a place thronging with **life**, you can't help getting closer to each other.

Wo das Leben pulsiert, kommt man sich zwangsweise näher.

MITTEN IM LEBEN

the house
[haʊs] *n*
das Haus

The ladder for the **house** is available at a small extra charge.

Die Leiter zum Haus ist gegen geringen Aufpreis erhältlich.

the home
[həʊm] *n*
das Haus, das Heim

the **address**
[ə'dres] *n*
die Adresse

I'm not delivering any letters to this **address** anymore.

Zu dieser Adresse bring' ich keine Briefe mehr.

the **(place of) residence**
[('pleɪs əv) 'rezɪdəns] *n*
der Wohnort

How do you like the view from our new **residence**?

Wie gefällt dir die Aussicht an meinem neuen Wohnort?

the **house number**
['haʊs ˌnʌmbə] *n*
die Hausnummer

Can you remember Maggie's **house number**?

Kannst du dich an Maggies Hausnummer erinnern?

at home
[ət 'həʊm] *adv*
zu Hause

I only feel truly **at home** when the cat's in the house.

Nur wenn die Katze im Haus ist, fühle ich mich zu Hause.

the **floor**
[flɔː] *n*
die Etage

I think it was the fifth **floor**, but there are so many to choose from.

Ich glaube, es war die fünfte Etage, aber es gibt hier ja so viel Auswahl.

to **be from**
[tə 'biː frəm] *v*
kommen aus/von

I'**m from** planet XQ6TL-038P#.

Ich komme vom Planeten XQ6TL-038P#.

the **ground floor** BE
[ˌgraʊnd 'flɔː] *n*
das Erdgeschoss

We live on the **ground floor** so Chrissi can go out whenever she likes.

Wir leben im Erdgeschoss, damit Chrissi jederzeit raus kann.

Das Erdgeschoss heißt in Großbritannien ground floor; in den USA wird es jedoch bereits als first floor bezeichnet, sodass dort der 1. Stock second floor genannt wird.

the **entrance**
['entrəns] *n*
der Eingang

the **exit**
['eksɪt] *n*
der Ausgang

A revolving door is both an **entrance** and an **exit** at the same time.

Eine Drehtür ist Eingang und Ausgang zugleich.

the **door**
[dɔː] *n*
die Tür

You can only see that **door** by the light of a full moon.

Nur bei Vollmond ist jene Tür sichtbar.

to **hire** BE,
to **rent** AE
[tə 'haɪə], [tə 'rent] *v*
mieten

Don't tell anyone, but the Hell's Angels **have hired** these bikes today.

Die Hell's Angels haben heute diese Fahrräder gemietet. Das darf aber keiner wissen.

to **let**
[tə 'let] *v*
vermieten

I **let** my sofa to tourists.

Ich vermiete mein Sofa an Touristen.

to **live**
[tə 'lɪv] *v*
wohnen

I'**ve lived** here for 65 years. I'm not going to the old people's home.

Ich wohne hier seit 65 Jahren. Ich gehe nicht ins Altersheim.

the gate
[geɪt] *n*
das Tor

This **gate** must never be closed again.

Dieses Tor soll nie wieder geschlossen werden.

the roof
[ruːf] *n*
das Dach

At least they have a **roof** over their heads.

Zumindest haben sie ein Dach über dem Kopf.

the lift BE,
the elevator AE
[lɪft], ['eləveɪtər] *n*
der Aufzug

Let's use the stairs, the **lift**'s too expensive for me.

Lass uns die Treppe nehmen, der Aufzug ist mir zu teuer.

the room
[ruːm] *n*
das Zimmer, der Raum

Do you really always have to take your bike into your **room** with you?

Sag mal, musst du das Rad immer mit aufs Zimmer nehmen?

the building
['bɪldɪŋ] *n*
das Gebäude

the block
[blɒk] *n*
der Wohnblock

the rent
[rent] *n*
die Miete

to stay
[tə 'steɪ] *v*
bleiben, sich aufhalten

to **ring the bell**
[tə ˌrɪŋ ðə ˈbel] *v*
klingeln

You **ring the bell**, inspector, while I get the car.

Klingeln Sie, Herr Kommissar, ich hole schon mal den Wagen.

to **open**
[tʊ ˈəʊpən] *v*
öffnen, aufmachen

Go on, Mum, **open** the trap.

Frauchen, mach doch mal die Falle auf.

to **shut, to close**
[tə ˈʃʌt], [tə ˈkləʊz] *v*
schließen, zumachen

Just **close** your eyes and relax.

Schließ die Augen und entspann' dich.

the **ceiling**
[ˈsiːlɪŋ] *n*
die Decke

The **ceiling**'s alive. It'll be coming down soon.

Die Decke lebt. Bald kommt sie runter.

the **window**
[ˈwɪndəʊ] *n*
das Fenster

Now that I'm head of department I finally get an office with a **window**.

Als Abteilungsleiter habe ich endlich ein Büro mit Fenster.

the **wall**
[wɔːl] *n*
die Wand, die Mauer

The children are painted on the **wall**, but the swing's real.

Die Kinder sind an die Wand gemalt, die Schaukel ist echt.

the **floor**
[flɔː] *n*
der (Fuß)Boden

In the mornings, I have to test the **floor** to see how cold it is.

Morgens muss ich erst testen, wie kalt der Fußboden ist.

the **terrace**
['terəs] *n*
die Terrasse

Mia had settled down comfortably on the **terrace** with her doughnut.

Mia hatte es sich mit ihrem Donut auf der Terrasse gemütlich gemacht.

the **balcony**
['bælkənı] *n*
der Balkon

Will you come out onto the **balcony** to see me tonight?

Kommst du heute Nacht zu mir auf den Balkon?

the **stairs**
[steəz] *n*
die Treppe

I always get dizzy on these **stairs**.

Auf dieser Treppe wird mir immer schwindelig.

the **lock**
[lɒk] *n*
das Schloss

the **key**
[ki:] *n*
der Schlüssel

Please insert the **key** into the **lock** very carefully.

Bitte den Schlüssel sehr vorsichtig ins Schloss stecken.

the **cellar**
['selə] *n*
der Keller

Theo has a couple of real beauties in the **cellar**.

Theo hat ein paar echte Schätzchen im Keller.

the **garage**
[gærɑ:ʒ] *n*
die Garage

It only took them three minutes to get from the **garage** to the scene.

Von der Garage zum Einsatzort brauchten sie nur drei Minuten.

the flat BE,
the apartment AE
[flæt], [əˈpɑːrtmənt] *n*
die Wohnung

The **flat** is so expensive that we won't be buying any new furniture to start with.

Die Wohnung ist so teuer, dass wir uns neue Möbel erstmal sparen.

the dining room
[ˈdaɪnɪŋ ruːm] *n*
das Esszimmer

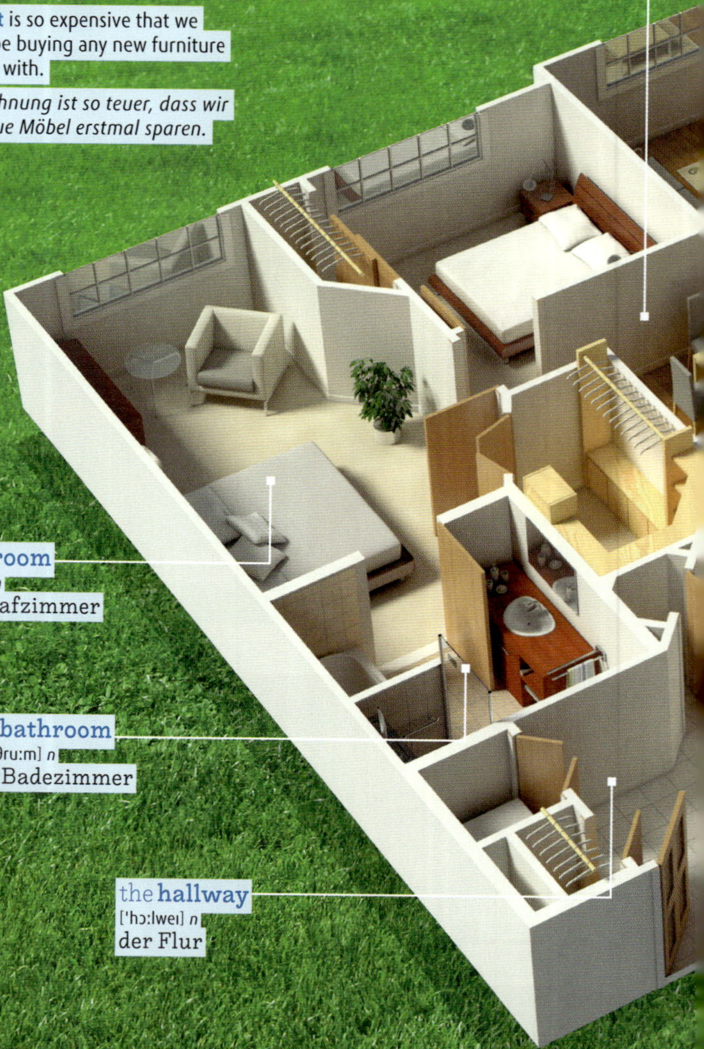

the bedroom
[ˈbedruːm] *n*
das Schlafzimmer

the bathroom
[ˈbɑːθruːm] *n*
das Badezimmer

the hallway
[ˈhɔːlweɪ] *n*
der Flur

Im Amerikanischen bezeichnet man als *toilet* nur die Toilettenschüssel, niemals den Raum; dieser heißt *bathroom* oder öffentlich *restroom*.

the shower
['ʃaʊə] *n*
die Dusche

Shower or **bath**? I'll come out clean either way.

Dusche oder Badewanne? Sauber wird man in jedem Fall.

the bath BE,
the bathtub AE
[bɑːθ], ['bæθtʌb] *n*
die Badewanne

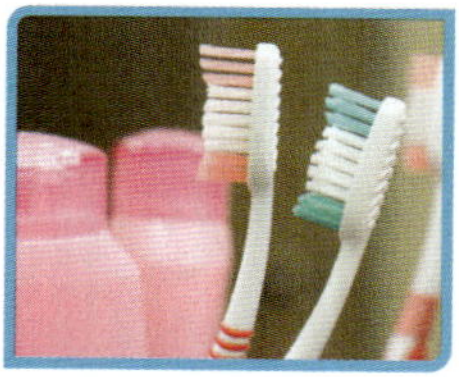

the toothbrush
['tuːθbrʌʃ] *n*
die Zahnbürste

The **toothbrush** was a sure sign that she would stay.

Die Zahnbürste war ein sicheres Zeichen: Sie würde bleiben.

the towel
['taʊəl] *n*
das Handtuch

It's no longer enough just to put a **towel** down to reserve your deckchair.

Ein Handtuch zum Reservieren der Liege reicht nicht mehr.

to shave
[tə 'ʃeɪv] *v*
sich rasieren

Don't be silly, Daddy, I'm not old enough to start **shaving** yet.

Lass den Quatsch, Papa, ich muss mich noch nicht rasieren.

to brush one's teeth
[tə ˌbrʌʃ wʌnz 'tiːθ] *phrase*
Zähne putzen

I'm normally still half-asleep when I **brush my teeth** in the morning.

Morgens beim Zähneputzen schlafe ich meistens noch.

to **have a shower**
[tə ˌhæv ə ˈʃaʊə] *phrase*
duschen

Why would I want to swim with all those creatures in the sea when I can just as well **have a shower** on the beach?

Warum mit Getier im Meer baden, wenn ich am Strand auch duschen kann?

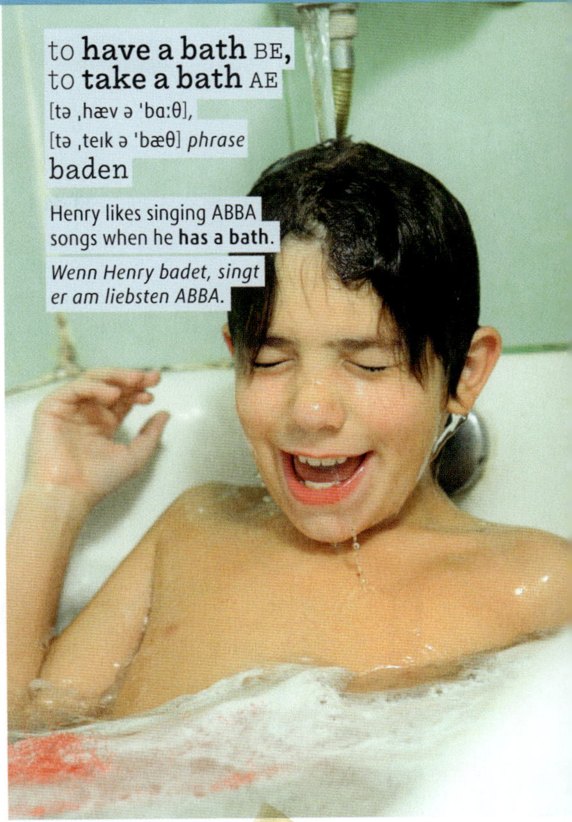

to **have a bath** BE,
to **take a bath** AE
[tə ˌhæv ə ˈbɑːθ],
[tə ˌteɪk ə ˈbæθ] *phrase*
baden

Henry likes singing ABBA songs when he **has a bath**.

Wenn Henry badet, singt er am liebsten ABBA.

the **comb**
[kəʊm] *n*
der Kamm

I got a special **comb** for my beard.

Ich habe mir für meinen Bart extra einen Kamm zugelegt.

the **shampoo**
[ʃæmˈpuː] *n*
das Shampoo

This **shampoo** is incredibly foamy.

Dieses Shampoo schäumt einfach ohne Ende.

the **hairdryer**
[ˈheədraɪə] *n*
der Föhn

You wouldn't think that a humble **hairdryer** could awaken such feelings …

Dass ein einfacher Föhn solche Gefühle wecken kann …

the **hairbrush**
[ˈheəbrʌʃ] *n*
die Haarbürste

the **soap**
[səʊp] *n*
die Seife

the **cream**
[kriːm] *n*
die Creme

the **toothpaste**
[ˈtuːθpeɪst] *n*
die Zahnpasta

EINRICHTUNG

the **furniture**
['fɜːnɪtʃə] *n*
die Möbel

Surprise, honey: we're giving the place a complete makeover – and all this old **furniture** is going to the dump.

Überraschung, mein Bärchen: Wir richten uns komplett neu ein – und diese alten Möbel kommen auf den Sperrmüll.

the **table**
['teɪbl] *n*
der Tisch

the **chair**
[tʃeə] *n*
der Stuhl

the **cupboard**
['kʌbəd] *n*
der Schrank

Can you hear those funny noises in the **cupboard**, too?

Hörst du auch diese komischen Geräusche aus dem Schrank?

the **lamp**
[læmp] *n*
die Lampe

Hah, what use is a smoking **lamp** to me?

Bah, mit einer Lampe, die nur raucht, kann ich nichts anfangen.

the **bed**
[bed] *n*
das Bett

Nothing beats being in **bed** with Mummy on a Sunday.

Bei Mama im Bett ist es sonntags einfach am schönsten.

to **sit**
[tə 'sɪt] *v*
sitzen

I found the way the cat just **sat** there and stared at me a bit unnerving.

Ich fand es leicht unheimlich, wie die Katze dasaß und mich anblickte.

comfortable
['kʌmftəbl] *adj*
bequem, gemütlich

It's much more **comfortable** without these shoes.

Ohne diese Schuhe ist es so viel bequemer.

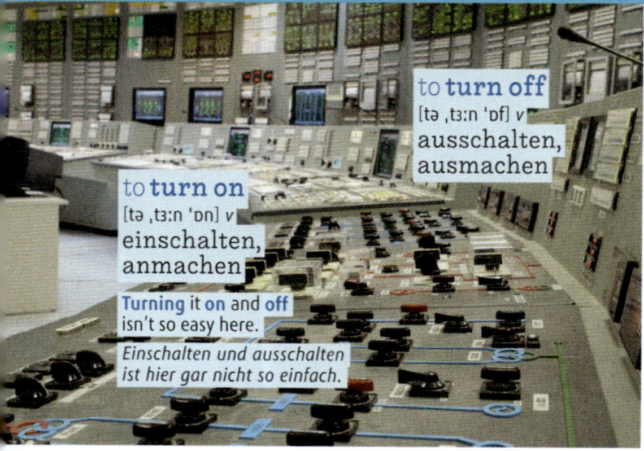

to turn off
[tə ˌtɜːn ˈɒf] *v*
ausschalten, ausmachen

to turn on
[tə ˌtɜːn ˈɒn] *v*
einschalten, anmachen

Turning it **on** and **off** isn't so easy here.

Einschalten und ausschalten ist hier gar nicht so einfach.

to heat
[tə ˈhiːt] *v*
heizen, erhitzen

I always have to **heat** the house specially for my cat.

Für meine Katze muss ich immer extra heizen.

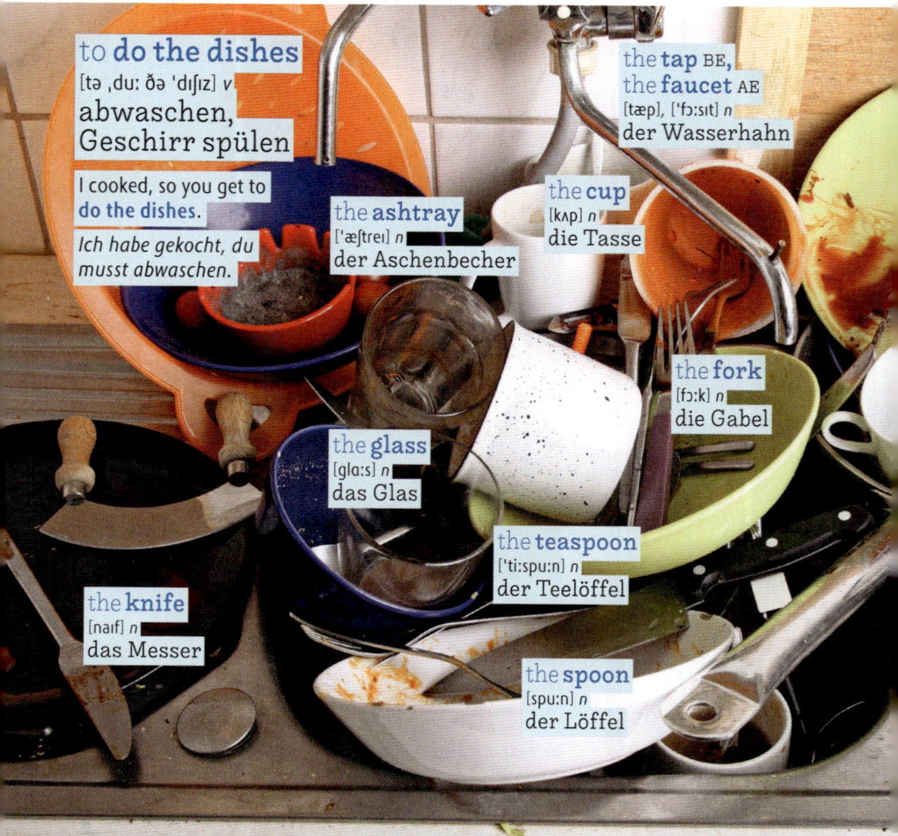

to do the dishes
[tə ˌduː ðə ˈdɪʃɪz] *v*
abwaschen, Geschirr spülen

I cooked, so you get to **do the dishes**.

Ich habe gekocht, du musst abwaschen.

the tap BE, **the faucet** AE
[tæp], [ˈfɔːsɪt] *n*
der Wasserhahn

the ashtray
[ˈæʃtreɪ] *n*
der Aschenbecher

the cup
[kʌp] *n*
die Tasse

the fork
[fɔːk] *n*
die Gabel

the glass
[glɑːs] *n*
das Glas

the teaspoon
[ˈtiːspuːn] *n*
der Teelöffel

the knife
[naɪf] *n*
das Messer

the spoon
[spuːn] *n*
der Löffel

the **heating**
['hiːtɪŋ] *n*
die Heizung

The central **heating** for the entire solar system.

Die Zentralheizung des ganzen Sonnensystems.

the **fridge**
[frɪdʒ] *n*
der Kühlschrank

Schon gut, Mama, ich hol' mir die Milch selbst aus dem Kühlschrank!

the **plate**
[pleɪt] *n*
der Teller

the **frying pan**
['fraɪɪŋˌpæn] *n*
die Pfanne

the **cooker** BE,
the **stove** AE
['kʊkə], [stəʊv] *n*
der Herd

Of course, I've got an induction **cooker** at home.

Zu Hause hab' ich natürlich einen Induktionsherd.

the **pot**
[pɒt] *n*
der Kochtopf

We've only got the one **pot**, so it all has to go in there together.

Wir haben nur einen Kochtopf, da muss eben alles rein.

the box
[bɒks] *n*
die Schachtel, die Kiste

Maria doesn't want to come out of her **box**.

Maria will gar nicht mehr raus aus ihrer Schachtel.

the mirror
['mɪrə] *n*
der Spiegel

He could spend hours looking at himself in the **mirror**.

Er konnte sich stundenlang im Spiegel betrachten.

the washing machine
['wɒʃɪŋ mə,ʃiːn] *n*
die Waschmaschine

My **washing machine** eats my socks.

Meine Waschmaschine frisst meine Socken.

to light
[tə 'laɪt] *v*
anzünden

the candle
['kændl] *n*
die Kerze

Every **candle** we **light** is to remind us of someone we love.

Jede Kerze, die wir anzünden, ist mit dem Gedanken an einen lieben Menschen verbunden.

the rubbish bin BE,
the garbage can AE
[ˈrʌbɪʃ ˌbɪn], [ˈgɑːrbɪdʒ ˌkæn] *n*
der Mülleimer,
die Mülltonne

It's amazing what you find in the **rubbish bin**.

Erstaunlich, was man so alles in der Mülltonne findet.

clean
[kliːn] *adj*
sauber

Totally **clean** energy is an illusion.

Absolut saubere Energie ist eine Illusion.

dirty
[ˈdɜːtɪ] *adj*
schmutzig

Look how **dirty** you are! Never mind, give Daddy a quick kiss.

Ihr seid aber schmutzig! Na, dann gebt schnell noch dem Papa ein Küsschen.

to **wash**
[tə ˈwɒʃ] *v*
waschen

Timmy thinks **washing** is overrated.

Timmy hält waschen für überbewertet.

to **dry**
[tə ˈdraɪ] *v*
trocknen

I think the colour of your shirts suffers from **drying** them in the garden.

Ich glaube, die Farbe deiner Hemden leidet, wenn wir sie im Garten trocknen.

to **tidy up**
[tə ˌtaɪdɪ ˈʌp] *v*
aufräumen

the **lighter**
[ˈlaɪtə] *n*
das Feuerzeug

to **clean**
[tə ˈkliːn] *v*
putzen,
sauber machen

tidy
[ˈtaɪdɪ] *adj*
sauber

the **education**
[ˌedjʊˈkeɪʃn] *n*
die Bildung

Wenn Sie glauben, dass irgendwelche Apps eine klassische Bildung ersetzen können, dann sind Sie auf dem Holzweg!

to **learn**
[tə 'lɜːn] *v*
lernen

I like **learning** with you best, Mr Karloff.

Mit Ihnen lerne ich am liebsten, Herr Karloff.

to **study**
[tə 'stʌdɪ] *v*
lernen, studieren

You can only **study** properly if you've had enough sleep.

Nur ausgeschlafen kann man gut studieren.

to learn heißt „lernen", und man verwendet es z. B. für das Erlernen von Sprachen; to study hingegen bezeichnet eher das intensive Lernen vor Prüfungen.

to **know**
[tə 'nəʊ] *v*
wissen

Don't they just **know** it all, the little swots.

Blöde Streber, wissen mal wieder alles.

about
[ə'baʊt] *prep*
über, von

I know absolutely nothing **about** it.

Über diese Sache weiß ich absolut nichts.

the **knowledge**
['nɒlɪdʒ] *n*
das Wissen

My **knowledge** all comes from old books.

Mein ganzes Wissen stammt aus alten Büchern.

to **explain**
[tʊ ɪk'spleɪn] *v*
erklären

However much I **explain** it, Granddad just doesn't seem to **understand**.

Ich erkläre und erkläre, aber Opa versteht's einfach nicht.

to **understand**
[tʊ ˌʌndə'stænd] *v*
verstehen

the class
[klɑːs] *n*
die Klasse

It hasn't been this quiet in **class** for ages.

So schön ruhig war es in der Klasse schon lange nicht mehr.

the classroom
['klɑːsruːm] *n*
das Klassenzimmer

the classes
['klɑːsɪz] *n*
der Unterricht

to teach
[tə 'tiːtʃ] *v*
lehren, unterrichten

When I **teach**, I like to throw my pupils in at the deep end.

Wenn ich unterrichte, werfe ich die Schüler ins kalte Wasser.

interesting
['ɪntrəstɪŋ] *adj*
interessant

The work of art was … um … **interesting**.

Das Kunstwerk war … äh … interessant.

to be interested in
[tə biː 'ɪntrəstɪd ɪn] *v*
sich interessieren für

Anna **is** more **interested in** Simon than he would like.

Anna interessiert sich mehr für Simon, als ihm lieb ist.

the exercise
['eksəsaɪz] *n*
die Übung

Repeat this **exercise** three times a day.

Diese Übung bitte dreimal täglich wiederholen.

the pupil BE, **the student** AE
['pju:pl], ['stu:dənt] *n*
der Schüler, die Schülerin

Some **pupils** really love going to school.

Es gibt Schüler, die gehen richtig gern zur Schule.

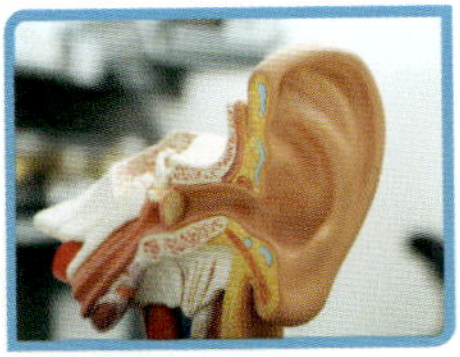

the example
[ɪg'zɑ:mpl] *n*
das Beispiel

A good **example** of the teaching materials you can use for biology.

Ein gutes Beispiel für Lehrmaterial im Biologieunterricht.

the subject
['sʌbdʒekt] *n*
das Fach

Chemistry can be a really fun **subject**.

Das Fach Chemie kann richtig Spaß machen.

the school
[sku:l] *n*
die Schule, das Schulgebäude

The **school** is an eerie place during the holidays.

In den Ferien ist die Schule gespenstisch.

of
[ɒv] *prep*
von
(im Genitiv meist unübersetzt)

Some **of** the students were cheating during the exam.

Einige der Schüler spickten während der Prüfung.

the teacher
['ti:tʃə] *n*
der Lehrer, die Lehrerin

the interest
['ɪntrəst] *n*
das Interesse

the timetable BE, **the schedule** AE
['taɪmteɪbl], ['skedʒu:l] *n*
der Stundenplan

the **course**
[kɔːs] *n*
der Kurs

Sarah always wants to show everyone else on the **course** that she's the best.

Sarah will im Kurs immer allen zeigen, dass sie die Beste ist.

studies
[ˈstʌdɪz] *n*
das Studium

Take my word for it, we're in the middle of our **studies**.

Doch, glaub's mir ruhig, wir sind mitten im Studium.

the **professor**
[prəˈfesə] *n*
der Professor, die Professorin

Our **professor** wishes he was famous.

Unser Professor wäre so gerne berühmt.

the **university**
[ˌjuːnɪˈvɜːsətɪ] *n*
die Universität

I'm so jealous, I wish our **university** had such a nice library.

Ich bin total neidisch: ich wünschte, unsere Universität hätte eine so schöne Bibliothek.

the **student**
[ˈstjuːdnt] *n*
der Student, die Studentin

absent
['æbsənt] *adj*
abwesend, nicht da

Valerie seems to be **absent** today …

Valerie scheint heute nicht da zu sein …

present
['preznt] *adj*
anwesend, da

Hang on a minute, there she is. In fact, she's the only person who's **present** today.

Moment, da sitzt sie doch. Sie ist sogar die Einzige, die da ist.

to **solve**
[tə 'sɒlv] *v*
lösen

Problems can usually **be solved** if you give them some thought.

Probleme lassen sich meist durch Nachdenken lösen.

to **train**
[tə 'treɪn] *v*
ausbilden

Alex **trains** falcons to hunt. I'd be nice to both of them, if I were you.

Alex bildet Falken für die Jagd aus. Sei lieber nett zu den beiden.

the **page**
[peɪdʒ] *n*
die Seite

The book just happened to be open at the right **page**.

Zufällig war das Buch auf der richtigen Seite aufgeschlagen.

to **practise** BE,
to **practice** AE
[tə 'præktɪs], [tə 'præktɪs] *v*
üben

Even watching them **practise** is fascinating.

Schon ihnen beim Üben zuzusehen ist faszinierend.

the **exercise book**
['eksəsaɪz ˌbʊk] *n*
das Heft

the **lesson**
['lesn] *n*
die Lektion

the **solution**
[sə'lu:ʃn] *n*
die Lösung

right
[raɪt] *adj*
richtig

wrong
[rɒŋ] *adj*
falsch

to **be wrong**
[tə biː ˈrɒŋ] *v*
sich irren

I think I put sugar in rather than salt, but I could **be wrong**.

Ich denke, ich habe Zucker reingegeben und nicht Salz, aber ich kann mich auch irren.

the **problem**
[ˈprɒbləm] *n*
das Problem

My husband always seems to have a **problem** getting the quantity right.

Mit der Dosierung hat mein Mann immer Probleme.

the **mistake**
[mɪˈsteɪk] *n*
der Fehler

Oh, I wouldn't call it a **mistake**. It's the fashion, these days.

Ach, Fehler würde ich das nicht nennen. Das trägt man jetzt so.

correct
[kəˈrekt] *adj*
korrekt, fehlerfrei

He wasn't sure if he had done the test in a **correct** way.

Er war nicht sicher, ob er den Test fehlerfrei bestanden hatte.

to **improve**
[tʊ ɪmˈpruːv] *v*
sich verbessern

Your brother will never **improve** if you keep helping him.

Wenn du deinem Bruder immer hilfst, wird er sich nie verbessern.

the **education**
[ˌedjʊˈkeɪʃn] *n*
die Ausbildung

the **care**
[keə] *n*
die Sorgfalt

You need to take particular **care** with cars this old.

Bei so alten Autos ist besondere Sorgfalt nötig.

to **fail**
[tə ˈfeɪl] *v*
durchfallen

Failed again. I'm never going to get my licence.

Schon wieder durchgefallen. Den Führerschein krieg' ich nie.

the **attention**
[əˈtenʃn] *n*
die Aufmerksamkeit

I demand my dog's full **attention**.

Ich erwarte von meinem Hund absolute Aufmerksamkeit.

excellent
[ˈeksələnt] *adj*
ausgezeichnet

An **excellent** choice for your main course, sir.

Für den Hauptgang eine ausgezeichnete Wahl, mein Herr.

DIE STEIGERUNG VON „GUT" UND „SCHLECHT"

good [gʊd] *adj* gut	**well** [wel] *adv* gut	**bad** [bæd] *adj* schlecht	**badly** [ˈbædlɪ] *adv* schlecht
better [ˈbetə] *adj* besser	**better** [ˈbetə] *adv* besser	**worse** [wɜːs] *adj* schlechter	**worse** [wɜːs] *adv* schlechter
best [best] *adj* am besten	**best** [best] *adv* am besten	**worst** [wɜːst] *adj* am schlech-testen	**worst** [wɜːst] *adv* am schlech-testen

to **register**
[tə 'redʒɪstə] *v*
sich anmelden

Does it really take half a day just to **register**?

Echt? Einen halben Tag brauchst du, um dich anzumelden?

the **certificate**
[sə'tɪfɪkət] *n*
das Zeugnis

I nearly threw my **certificate** in the air, too.

Jetzt hätte ich fast auch mein Zeugnis in die Luft geworfen.

the **mark** BE, the **grade** AE
[mɑːk], [greɪd] *n*
die Note

Kim got the best **marks** again.

Kim hat von allen wieder die besten Noten bekommen.

the **examination**
[ɪg,zæmɪ'neɪʃn] *n*
die Prüfung

In this **examination**, copying is a lot harder.

Abschreiben ist bei dieser Prüfung erheblich schwerer.

to **repeat**
['tə rɪ'pi:t] *v*
wiederholen

Hör auf, alles zu wiederholen!

Hör du auf, alles zu wiederholen!

difficult
['dɪfɪklt] *adj*
schwierig

The descent could get **difficult** from here on.

Ab hier könnte der Abstieg schwierig werden.

easy
['i:zɪ] *adj*
leicht, einfach

Lotte's favourite dish is **easy** to make.

Lottes Lieblingsgericht geht ganz einfach.

the **registration**
[,redʒɪ'streɪʃn] *n*
die Anmeldung

the **difficulty**
['dɪfɪkltɪ] *n*
die Schwierigkeit

simple
['sɪmpl] *adj*
einfach

the **test**
[test] *n*
der Test

to **test**
[tə 'test] *v*
testen

Testing cars is such amazing fun.

Autos zu testen macht mir einen Höllenspaß.

the language
['læŋgwɪdʒ] *n*
die Sprache

To understand the **language** of bees, you need to learn about their waggle dance.

Um die Sprache der Bienen zu verstehen, muss man den Bienentanz kennen.

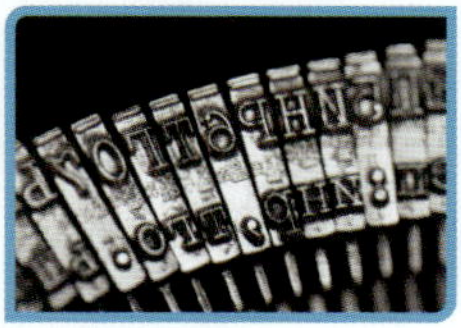

the **letter**
['letə] *n*
der Buchstabe

Damn, my typewriter only has Cyrillic **letters**.

Mist! Meine Schreibmaschine hat nur kyrillische Buchstaben.

to **mean**
[tə 'mi:n] *v*
bedeuten

Daddy, what does "transcendence" **mean**?

Papa, was bedeutet eigentlich „Transzendenz"?

the **alphabet**
['ælfəbet] *n*
das Alphabet

My Leon knew his **alphabet** by the time he was eighteen months old!

Mein Leon konnte schon mit eineinhalb das Alphabet!

to **translate**
[tə træns'leɪt] *v*
übersetzen

Martin Luther **translated** the Bible into German.

Martin Luther übersetzte die Bibel ins Deutsche.

the **dictionary**
['dɪkʃənrɪ] *n*
das Wörterbuch

Always useful: a **dictionary**.

Schon immer hilfreich: ein Wörterbuch.

the **pronunciation**
[prə,nʌnsɪ'eɪʃn] *n*
die Aussprache

He understands Japanese very well, but he struggles with the **pronunciation**.

Er versteht Japanisch sehr gut, kämpft aber noch mit der Aussprache.

the **text**
[tekst] *n*
der Text

Grandma has been writing her **texts** on the computer for quite a while now.

Großmutter schreibt ihre Texte schon lange auf dem Computer.

the **translation**
[træns'leɪʃn] *n*
die Übersetzung

the **word**
[wɜ:d] *n*
das Wort

the **sentence**
['sentəns] *n*
der Satz

the **noun**
[naʊn] *n*
das Substantiv

the **verb**
[vɜ:b] *n*
das Verb

the **adjective**
['ædʒɪktɪv] *n*
das Adjektiv

the **adverb**
['ædvɜ:b] *n*
das Adverb

the **grammar**
['græmə] *n*
die Grammatik

the **singular**
['sɪŋgjʊlə] *n*
die Einzahl

the **plural**
['plʊərəl] *n*
die Mehrzahl

the **meaning**
['mi:nɪŋ] *n*
die Bedeutung

to **spell**
[tə 'spel] *v*
buchstabieren

to phone BE**, to call**

[tə 'fəʊn], [tə 'kɔːl] *v*

anrufen, telefonieren

Of course, boss, you can **phone** me any time you like.

Aber natürlich, Chef, Sie können mich jederzeit anrufen.

the **telephone**, the **phone**
['telɪfəʊn], [fəʊn] n
das Telefon

Thanks to this new **phone**, my hands are finally free.

Mit dem neuen Telefon habe ich endlich die Hände frei.

to **dial**
[tə 'daɪəl] *v*
wählen

To change the hold music, please **dial** the following number …

Für eine andere Warteschleifenmusik wählen Sie bitte folgende Nummer …

the **mobile (phone)** BE, the **cell(phone)** AE
[ˌməʊbaɪl ('fəʊn)], ['sel(fəʊn)] *n*
das Mobiltelefon, das Handy

the **answerphone** BE, the **answering machine** AE
['ɑːnsəfəʊn], ['ænsərɪŋ məˌʃiːn] n
der Anrufbeantworter

the **call**
[kɔːl] *n*
der Anruf

the **dialling code** BE, **the area code** AE
['daɪəlɪŋ ˌkəʊd], ['eərɪə ˌkəʊd] n
die Vorwahl

engaged BE, **busy** AE
[ɪn'geɪdʒd], ['bɪzɪ] adj
besetzt

to **phone back** BE, to **call back** AE
[tə ˌfəʊn 'bæk], [tə kɔːl 'bæk] v
zurückrufen

to dial the wrong number
[tə ˌdaɪəl ðə 'rɒŋ 'nʌmbə] *phrase*
sich verwählen

the **telephone** number
['telɪfəʊn ˌnʌmbə] *n*
die Telefonnummer

Just a minute while I write your **telephone number** down.

Moment, ich notiere nur schnell deine Telefonnummer.

the computer
[kəm'pju:tə] *n*
der Computer

No, Sarah, you can't go on the **computer** now. I have to work.

Nein, Sarah, du kannst jetzt nicht an den Computer. Ich muss arbeiten.

the screen
[skri:n] *n*
der Bildschirm

the DVD
[ˌdi:vi:'di:] *n*
die DVD

the USB stick
[ˌju:es'bi: stɪk] *n*
der USB-Stick

the key
[ki:] *n*
die Taste

the mouse
[maʊs] *n*
die Maus

the keyboard
['ki:bɔ:d] *n*
die Tastatur

the e-mail
['i:meɪl] *n*
die E-Mail

Give it to me, I want to check my **e-mails**.

Gib her, ich check die E-Mails.

the hard disk
['hɑ:d dɪsk] *n*
die Festplatte

The **hard disk** needs a good clean-up.

Die Festplatte muss gründlich gereinigt werden.

the **Internet**
['ıntənet] *n*
das Internet

If you can't find it on the **Internet**, it doesn't exist, right?

Was das Internet nicht findet, existiert nicht. Oder?

the **website**
['websaıt] *n*
die Website

At last, somewhere where I can do my **website**.

Hier kann ich mich endlich mal um meine Website kümmern.

the **printer**
['prıntə] *n*
der Drucker

to **print out**
[tə ˌprınt 'aʊt] *v*
ausdrucken

Hang on, I'**m** just **printing** an eggcup **out** on my 3D **printer**.

Einen Moment, ich drucke noch eben einen Eierbecher mit meinem 3-D-Drucker aus.

to **click**
[tə 'klık] *v*
klicken

Click on "send" to debit your account.

Klicken Sie jetzt auf „absenden", um den Betrag vom Konto abbuchen zu lassen.

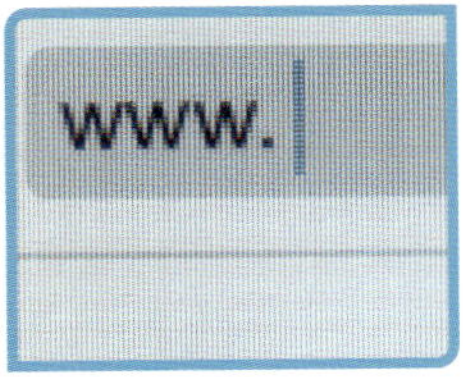

the **cursor**
['kɜːsə] *n*
der Cursor

You can write where the **cursor** is.

Wo der Cursor steht, darf geschrieben werden.

the **data**
['deɪtə] *n*
die Daten

to **delete**
[tə dɪ'liːt] *v*
löschen

the **program**
['prəʊgræm] *n*
das Programm

HAL 2000, starte jetzt das Programm.

Es tut mir leid Francis, aber ich musste alle Daten löschen.

digital
['dɪdʒɪtl] *adj*
digital

I'd like to see anyone else try this – **digital** air guitar!

Das macht mir keiner nach: digitale Luftgitarre!

to **copy**
[tə 'kɒpɪ] *v*
kopieren

Tommy only ever **copies** the better-known works.

Tommy kopiert immer nur die bekannteren Werke.

to **save**
[tə 'seɪv] *v*
sichern, speichern

to **program**
[tə 'prəʊgræm] *v*
programmieren

the **file**
[faɪl] *n*
die Datei

to **paste**
[tə 'peɪst] *v*
einfügen

the letter
['letə] *n*
der Brief

If only this **letter** had arrived 200 years sooner!

Wäre dieser Brief nur 200 Jahre früher angekommen!

the postcode BE,
the zip code AE
['pəʊstkəʊd], ['zɪp kəʊd] *n*
die Postleitzahl

Unbelievable, another wrong **postcode**!

So ein Mist. Schon wieder eine falsche Postleitzahl!

the post BE,
the mail AE
['pəʊst], [meɪl] *n*
die Post

the stamp
[stæmp] *n*
die Briefmarke

I prefer to be alone when I'm looking through my **stamp** collection.

Meine Briefmarkensammlung sehe ich mir am liebsten alleine an.

the postcard
['pəʊstkɑːd] *n*
die Postkarte

What an awful **postcard** – it's perfect for Auntie Gertrud!

Schreckliche Postkarte – genau die richtige für Tante Gertrud!

to send
[tə 'send] *v*
schicken, senden

Stop making such a fuss. We always used to **send** messages like this in the past.

Stell dich nicht so an. So haben wir früher immer Nachrichten gesendet.

the post office
['pəʊst ˌɒfɪs] *n*
die Post, das Postamt

They also sell loads of junk at the **post office**.

Im Postamt wird aber auch jede Menge Ramsch verkauft.

the **information**
[ɪnfə'meɪʃn] *n*
die Information

She doesn't look like she wants to share all that **information** with anyone.

Anscheinend will sie all diese Informationen mit niemandem teilen.

Das Wort information hat keine Pluralform! Eine Einzelinformation heißt (ähnlich wie bei news oder advice): a piece of information.

to **broadcast**
[tə 'brɔːdkɑːst] *v*
senden

Since yesterday, we have tripled our **broadcasting** range.

Seit gestern senden wir mit dreifacher Leistung.

the **commercial**
[kə'mɜːʃl] *n*
der Werbespot

You can sell anything with a football **commercial**.

Mit einem Fußball-Werbespot kann man alles verkaufen.

the **programme** BE,
the **program** AE
['prəʊgræm], ['prəʊgræm] *n*
die Sendung,
das Programm

Yet another children's **programme** with nothing but happy children.

Schon wieder nur glückliche Kinder im Kinderprogramm.

the radio
['reɪdiəʊ] *n*
das Radio

It's called a **radio** and you can't watch YouTube on it.

Es heißt Radio, und YouTube kann es nicht.

to watch TV
[tə ˌwɒtʃ tiː'viː] *v*
fernsehen

Our gran always lets us stay up late to **watch TV**.

Oma lässt uns immer ganz lange fernsehen.

the television, the TV
['telɪˌvɪʒn], [ˌtiː'viː] *n*
das Fernsehen, der Fernseher

It's getting harder and harder to tell fact from fiction on **TV** these days.

Im Fernsehen vermischt sich immer mehr Wahrheit mit Fiktion.

the newspaper, the paper
['nju:sˌpeɪpə], ['peɪpə] *n*
die Zeitung

Naturally, all the guys from the **newspaper** were already there.

Die Jungs von der Zeitung waren natürlich schon alle da.

the news
[nju:z] *n*
die Nachrichten

The **news** of his resignation spread like wildfire.

Die Nachricht von seinem Rücktritt verbreitete sich im Nu.

the daily paper
[ˌdeɪlɪ 'peɪpə] *n*
die Tageszeitung

When I get my **daily paper**, the print is still wet on the page.

Meine Tageszeitung ist noch feucht, wenn ich sie bekomme.

true
[tru:] *adj*
wahr

It's all **true**, I swear it on my reputation.

Das ist alles wahr, dafür bürge ich mit meinem guten Ruf.

the **truth**
[tru:θ] *n*
die Wahrheit

In wine there is **truth**, as they say!

Sie wissen doch: Im Wein liegt die Wahrheit!

the **edition**, the **issue**
[ɪ'dɪʃn], ['ɪʃu:] *n*
die Ausgabe

Umberto Eco has already been looking through this old **edition**.

In dieser alten Ausgabe hat schon Umberto Eco geblättert.

the **subscription**
[səb'skrɪpʃn] *n*
das Abonnement

The newspapers have been piling up since I took out a **subscription**.

Seit ich das Abonnement habe, stapeln sich hier die Zeitungen.

the **article**
['ɑ:tɪkl] *n*
der Artikel

It's no longer enough just to write an **article**, I have to get it on video too …

Einen Artikel zu schreiben reicht nicht mehr, ich muss auch filmen …

the **magazine**
[ˌmægə'zi:n] *n*
die Zeitschrift, die Illustrierte

Excuse me. You have to buy the **magazine** before you can read it.

Hallo? Sie müssen die Zeitschrift erst kaufen, bevor Sie sie lesen.

to **inform**
[tʊ ɪn'fɔ:m] *v*
informieren

And now we would like to **inform** you of some good news.

Und nun möchten wir Sie über ein paar gute Neuigkeiten informieren.

the **profession**
[prəˈfeʃn] *n*
der Beruf

Oh, so that's your **profession**. Can you make a living from that?

Ach, das ist Ihr Beruf? Kann man denn davon leben?

professional
[prəˈfeʃnəl] *adj*
professionell, beruflich

I'm a **professional** beauty.
Ich bin eine berufliche Schönheit.

to **work**
[tə ˈwɜːk] *v*
arbeiten

Up to my knees in muck: that's what I call **working**!
Bis zu den Knien im Dreck: Das nenn' ich arbeiten!

the **fire brigade** BE, the **fire department** AE
[ˈfaɪə brɪˌgeɪd], [ˈfaɪr dɪˌpɑːrtmənt] *n*
die Feuerwehr

Knut would really like to join the **fire brigade**.
Knut wär' gern bei der Feuerwehr.

the **lawyer**
[ˈlɔːjə] *n*
der Anwalt, #die Anwältin

I play the **lawyer** in an early evening TV series.
Ich spiele den Anwalt in einer Vorabendserie.

the **shop assistant**
[ˈʃɒp əˌsɪstənt] *n*
der Verkäufer, die Verkäuferin

Yet again there isn't a **shop assistant** to be seen.
Mal wieder ist nirgends ein Verkäufer zu sehen.

the **police officer**
[pəˈliːs ˈɒfɪsə(r)] *n*
der Polizist, die Polizistin

The **police officer** tried to look reassuring.
Die Polizistin versuchte, beruhigend aufzutreten.

the **hairdresser**
[ˈheədresə] *n*
der Friseur, die Friseurin

The customer of this **hairdresser** is much more patient than others.
Die Kundin dieser Friseurin ist sehr viel geduldiger als andere.

the **job**
[dʒɒb] *n*
der Job, die Arbeit, die Stelle

the **work**
[wɜːk] *n*
die Arbeit

the **post**
[pəʊst] *n*
der Arbeitsplatz

the employer
[ɪm'plɔɪə] *n*
der Arbeitgeber, die Arbeitgeberin

Our **employer** has a very special way of motivating people.

Unser Arbeitgeber hat eine ganz spezielle Art zu motivieren.

the employee
[ɪm'plɔɪiː] *n*
der Arbeitnehmer, die Arbeitnehmerin

the employment
[ɪm'plɔɪmənt] *n*
die Anstellung, die Beschäftigung

I couldn't find any better **employment**.

Eine bessere Beschäftigung habe ich nicht gefunden.

to hire
[tə 'haɪə] *v*
einstellen , beschäftigen

We'd very much like to **hire** you as a youth representative.

Wir möchten Sie gerne als Jugendbeauftragten einstellen.

the colleague
['kɒliːg] *n*
der Kollege, die Kollegin

I'll hand over a bit more work to my **colleague** – she'll love that.

Ich gebe meiner Kollegin noch ein bisschen Arbeit ab – die macht's gern.

the team
[tiːm] *n*
das Team

A **team** gives you support.

Ein Team gibt einem Halt.

to employ
[tʊ ɪm'plɔɪ] *v*
beschäftigen

the management
['mænɪdʒmənt] *n*
die Geschäftsleitung

the co-worker
['kəʊˌwɜːkə] *n*
der Mitarbeiter, die Mitarbeiterin

the manager
['mænɪdʒə] *n*
der Geschäftsführer, die Geschäftsführerin

Good deal: if he fails as a **manager**, he'll get a golden handshake.

Gut verhandelt: Wenn er als Geschäftsführer versagt, gibt es eine hohe Abfindung.

the staff
[stɑːf] *n*
das Personal

Bad deal: if the manager fails, the **staff** will get a pay cut.

Schlecht verhandelt: Wenn der Geschäftsführer versagt, gibt es beim Personal Lohnkürzungen.

responsible
[rɪ'spɒnsəbl] *adj*
zuständig, verantwortlich

So Herr Kollege, fürs Zunähen sind jetzt Sie zuständig.

unemployed
[ˌʌnɪm'plɔɪd] *adj*
arbeitslos

Only the dog was happy that Karl was **unemployed**.

Dass Karl arbeitslos war, freute als Einzigen den Hund.

to run
[tə 'rʌn] *v*
leiten

You saw it right the first time: I **run** this company.

Sie haben schon richtig gesehen: ICH leite diese Firma.

the **trade union** BE, the **labor union** AE

['treɪd ˌjuːnɪən], ['leɪbər ˌjuːnɪən] n

die Gewerkschaft

Komm zur Gewerkschaft, hieß es, da kannst du was erleben ...

to **make a living**

[tə ˌmeɪk ə 'lɪvɪŋ] *phrase*

seinen Lebensunterhalt verdienen

I could **make a** much easier **living** as a civil servant.

Als Beamter könnte ich meinen Lebensunterhalt viel leichter verdienen.

to **earn**

[tʊ 'ɜːn] *v*

verdienen

My app **earns** my money for me. I just need to do the swiping.

Für mich verdient meine App das Geld, ich muss nur wischen.

the **application**

[ˌæplɪ'keɪʃn] *n*

die Bewerbung

Blasted online **application**!

Vermaledeite Online-Bewerbung!

the **strike**
[straɪk] *n*
der Streik

Wait until the **strike** is over?
We might as well take the train!

Warten, bis der Streik beendet ist?
Da können wir ja gleich Bahn fahren!

the **demand**
[dɪ'mɑːnd] *n*
die Forderung

Meet our **demands** and there won't be any problems.

Erfüllen Sie unsere Forderungen, dann gibt es keine Probleme.

the **salary**
['sæləri] *n*
das Gehalt

I've checked the figures.
My **salary** is still lower than the minimum wage!

Ich hab' nachgerechnet:
Mein Gehalt liegt noch unter dem Mindestlohn!

to **demand**
[tə dɪ'mɑːnd] *v*
fordern

to **apply**
[tʊ ə'plaɪ] *v*
sich bewerben

to be on strike
[tə ˌbiː ɒn 'straɪk] *phrase*
streiken

the **pension**
['penʃn] *n*
die Rente

I can't afford to retire on my meagre **pension**.

Mit meiner kümmerlichen Rente kann ich mir den Ruhestand nicht leisten.

the **retirement**
[rɪ'taɪəmənt] *n*
der Ruhestand

the office
['ɒfɪs] *n*
das Büro

Hurray! In the new **office** everyone has their own desk.

Hurra! Im neuen Büro hat jeder seinen eigenen Schreibtisch.

the desk
[desk] *n*
der Schreibtisch

the pen
[pen] *n*
der Stift

Mike has a special **pen** for every task.

Für jede Aufgabe hat Mike einen speziellen Stift.

the secretary
['sekrətrɪ] *n*
der Sekretär, die Sekretärin

Oh no, our **secretary** is communicative all right.

Doch, kommunikativ ist sie, unsere Sekretärin.

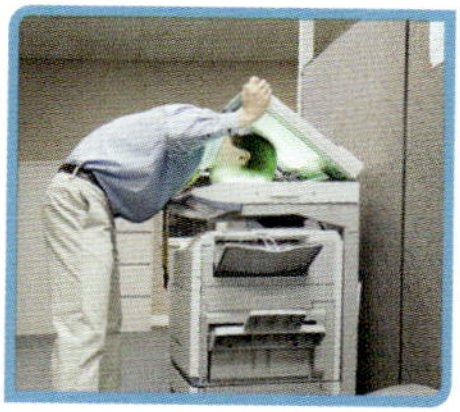

the photocopier
['fəʊtəʊˌkɒpɪə] *n*
der Kopierer

For his passport photos Bernhard will only ever use the **photocopier**.

Bernhard macht seine Passbilder immer nur auf dem Kopierer.

the documents
['dɒkjʊmənts] *n*
die Unterlagen

The menu for the pizza delivery service must be somewhere in these **documents**.

Irgendwo in den Unterlagen muss die Karte vom Pizzaservice sein.

the business card
['bɪznɪz ˌkɑːd] *n*
die Visitenkarte

Everything you need to know about me is on my **business card**.

Auf der Visitenkarte steht alles, was Sie über mich wissen müssen.

to write
[tə 'raɪt] *v*
schreiben

Writing by hand makes your thoughts flow more freely.

Mit der Hand zu schreiben lässt die Gedanken freier fließen.

FEBRUARY

29 FEBRUARY

the diary
['daɪərɪ] *n*
der Kalender

There's something wrong with February in this **diary**.

the note
[nəʊt] *n*
die Notiz

Mit dem Februar in diesem Kalender stimmt etwas nicht.

the paper
['peɪpə] *n*
das Papier

Paper doesn't get to choose what's printed on it.

Papier kann sich nicht aussuchen, womit es bedruckt wird.

the ballpoint pen
['bɔːlpɔɪnt pen] *n*
der Kugelschreiber

to note down
[tə ˌnəʊt 'daʊn] *v*
notieren

the sheet
[ʃiːt] *n*
das Blatt

the calendar
['kæləndə] *n*
der Kalender

the food
[fuːd] *n*
die Lebensmittel, das Essen

We don't throw any **food** away – we eat it all up!

Wir werfen keine Lebensmittel weg – wir essen sie alle auf!

to **eat**
[tʊ 'iːt] *v*
essen

Eating spinach has never been so much fun!

So lustig war es noch nie, Spinat zu essen!

the **hunger**
['hʌŋgə] *n*
der Hunger

It was **hunger** that drove the little caterpillar on.

Ihr Hunger trieb die kleine Raupe voran.

to **drink**
[tə 'drɪŋk] *v*
trinken

Akono likes to **drink** one too many in the afternoons.

Nachmittags trinkt Akono gerne mal einen über den Durst.

the **thirst**
[θɜːst] *n*
der Durst

I walked on and on, trying to forget my **thirst**.

Ich ging weiter und weiter und versuchte, meinen Durst zu vergessen.

hungry
['hʌŋgrɪ] *adj*
hungrig

thirsty
['θɜːstɪ] *adj*
durstig

the **meal**
[miːl] *n*
die Mahlzeit

Enjoy your meal!
[ɪnˌdʒɔɪ jə ˌmiːl] *phrase*
Guten Appetit!

the **appetite**
['æpətaɪt] *n*
der Appetit

This starter will be nowhere near enough – going on his **appetite**…

Die Vorspeise ist viel zu wenig – gemessen an seinem Appetit…

Cheers!
[tʃɪəz] *interj*
Prost!

At last, the boss has given up. **Cheers!**

Endlich: Der Chef hat aufgegeben. Prost!

hot, spicy
[hɒt], [ˈspaɪsɪ] *adj*
scharf

Don't use them all. I don't like it so **spicy**.

Nimm nicht alle, ich mag es nicht so scharf.

sour
[ˈsaʊə] *adj*
sauer

Sonja loves anything **sour**.

Sonja liebt es sauer.

sweet
[swiːt] *adj*
süß

These **sweet** things are called love handles.

Hüftgold nennt man diese süßen Teile.

to taste
[tə ˈteɪst] *v*
schmecken

Ich bleibe dabei: Diese Suppe schmeckt wie alte Socken.

to boil
[tə 'bɔɪl] *v*
kochen

This is where Mother Nature **boils** her water.

Hier kocht die Natur ihr Wasser.

to cook
[tə 'kʊk] *v*
kochen

On Saturdays I practise **cooking** with my sister.

Samstags übe ich mit meiner Schwester kochen.

to cut
[tə 'kʌt] *v*
schneiden

This saw **cuts** through hardwood like butter.

Diese Säge schneidet Hartholz wie Butter.

frozen
['frəʊzn] *adj*
tiefgekühlt, Tiefkühl-

If you want to have berries in winter too, you have to get **frozen** ones.

Wer auch im Winter Beeren will, muss Tiefkühlware nehmen.

raw
[rɔː] *adj*
roh

I'm on the Stone Age diet: **raw** food only but done in style.

Ich mache die Steinzeit-Diät: alles roh, aber mit Stil.

fresh
[freʃ] *adj*
frisch

delicious
[dɪ'lɪʃəs] *adj*
köstlich

to make
[tə 'meɪk] *v*
zubereiten

to warm up
[tə ˌwɔːm 'ʌp] *v*
warm machen

cooked
[kʊkt] *adj*
gar

Of course the mushrooms are hot. They wouldn't be **cooked** otherwise.

Natürlich sind die Pilze heiß, sonst wären sie ja nicht gar.

the **bread**
[bred] *n*
das Brot

I don't trust these bakeries – I make my own **bread**.

Ich traue diesen Backshops nicht – ich mach' mein Brot selber.

the **piece**
[pi:s] *n*
das Stück

Oh no, just a very small **piece**, please!

Ach nein, bitte nur ein ganz kleines Stück!

the **noodles**
['nu:dlz] *n*
die (asiatischen) Nudeln

In Japan you're allowed to slurp your **noodles** too.

In Japan darf man die Nudeln auch schlürfen.

the **rice**
[raɪs] *n*
der Reis

Truffles turn simple **rice** into haute cuisine.

Mit Trüffeln wird simpler Reis zur Haute Cuisine.

the **biscuit** BE,
the **cookie** AE
['bɪskɪt], ['kʊkɪ] *n*
der Keks

There's a ghost living in our house that makes **biscuits** disappear.

Bei uns lebt ein Geist, der Kekse verschwinden lässt.

the **pasta**
['pɑ:stə] *n*
die Nudeln

the **slice**
[slaɪs] *n*
die Scheibe

the **roll**
[rəʊl] *n*
das Brötchen

the **cake**
[keɪk] *n*
der Kuchen

I beg your pardon? You don't like our **cakes**?

Wie bitte? Unsere Kuchen schmecken Ihnen nicht?

the **tomato**
[təˈmɑːtəʊ] *n*
die Tomate

The red **tomatoes** will go in tonight's salad.

Die roten Tomaten landen heute Abend im Salat.

the **onion**
[ˈʌnjən] *n*
die Zwiebel

I hate chopping **onions**!

Ich hasse es, Zwiebeln zu schneiden.

the **olive**
[ˈɒlɪv] *n*
die Olive

Shaken or stirred? I don't mind, as long as you put an **olive** in it.

Gerührt oder geschüttelt? Egal, Hauptsache mit Olive.

the fruit
[fruːt] *n*
die Frucht, das Obst

You should wash **fruit** first before you eat it.

Man soll die Früchte erst waschen, bevor man sie isst.

the pear
[peə] *n*
die Birne

the strawberry
[ˈstrɔːbərɪ] *n*
die Erdbeere

the apple
[ˈæpl] *n*
der Apfel

the grape
[greɪp] *n*
die Traube

the lemon
[ˈlemən] *n*
die Zitrone

the orange
[ˈɒrɪndʒ] *n*
die Orange

the peach
[piːtʃ] *n*
der Pfirsich

This **peach** reminds me of Helga's skin 60 years ago.

Der Pfirsich erinnert mich an Helgas Haut von vor 60 Jahren.

the cherry
[ˈtʃerɪ] *n*
die Kirsche

I only like the **cherry**. You can have the rest.

Ich mag nur die Kirsche, du kannst den Rest haben.

the banana
[bəˈnɑːnə] *n*
die Banane

I can easily peel **bananas** with my hands or my feet.

Bananen schäle ich locker mit Händen und Füßen.

the **meat**
[miːt] *n*
das Fleisch

I'll be able to tell you in just a moment if the **meat**'s still edible.

Ich kann dir gleich sagen, ob man das Fleisch noch essen kann.

the **pork**
[pɔːk] *n*
das Schweinefleisch

Pork? Please cut along the dotted lines.

Schweinefleisch? Bitte entlang der Linien ausschneiden.

the **chicken**
[ˈtʃɪkɪn] *n*
das Hühnchen

It's a good thing we don't have to pluck our own **chicken**.

Gut, dass wir unser Hühnchen nicht selber rupfen müssen.

the **beef**
[biːf] *n*
das Rindfleisch

Grandma's not a fan of the Stone Age diet and braises **beef** for a long time.

Oma hält nichts von der Steinzeit-Diät und schmort das Rindfleisch ausgiebig.

the **veal**
[viːl] *n*
das Kalbfleisch

the **bacon**
[ˈbeɪkən] *n*
der Speck

the **salami**
[səˈlɑːmɪ] *n*
die Salami

the **wing**
[wɪŋ] *n*
der Flügel

the **steak**
[steɪk] *n*
das Steak

Brown on the outside and red on the inside. That's how I like my **steak**!

Außen braun und innen rot: So mag ich mein Steak!

the **sausage**
[ˈsɒsɪdʒ] *n*
die Wurst

Everything comes to an end. Apart from **sausages**.

Alles hat ein Ende, nur die Wurst hat keines.

the **vinegar**
['vɪnɪgə] *n*
der Essig

This **vinegar** is matured in a barrel for twelve years.

Dieser Essig reift zwölf Jahre im Fass.

the **oil**
[ɔɪl] *n*
das Öl

I'm sure my car will run on salad **oil** too.

Mein Auto fährt sicher auch mit Salatöl.

the **salmon**
['sæmən] *n*
der Lachs

The **salmon** had made a fatal mistake in its leap.

Der Lachs hatte sich bei seinem Sprung katastrophal verschätzt.

the **prawn**
[prɔːn] *n*
die Garnele

The **prawn** is the undisputed boss of the aquarium.

Die Garnele ist die unangefochtene Herrin des Aquariums.

the **tuna**
['tjuːnə] *n*
der Thunfisch

The pitiful end of a once proud **tuna**.

Das armselige Ende eines ehemals stolzen Thunfischs.

the milk
[mɪlk] *n*
die Milch

There's nothing quite like this **milk**.

Diese Milch ist wirklich einzigartig.

the cream
[kriːm] *n*
die Sahne

The cake is either made with real **cream** or you might as well forget it!

Entweder richtige Sahne oder gar keine Torte!

the butter
[ˈbʌtə] *n*
die Butter

Butter and salt – that's all I need on my bread.

Butter und Salz – mehr brauch' ich nicht aufs Brot.

the cheese
[tʃiːz] *n*
der Käse

The smell of **cheese** only bothers you at the start.

Der Geruch nach Käse stört einen nur am Anfang.

the salt
[sɔːlt] *n*
das Salz

There's enough **salt** here for your breakfast egg. Just help yourself.

Hier ist genug Salz für dein Frühstücksei: Bedien dich einfach.

the egg
[eg] *n*
das Ei

There's an art to breaking **eggs** properly.

Eier richtig aufzuschlagen ist eine Kunst.

the (egg) yolk
[(ˈeg) jəʊk] *n*
das Eigelb

the egg white
[ˈeg waɪt] *n*
das Eiweiß

the sweet BE, **the (piece of) candy** AE
[swi:t], [(ˌpi:s əv) ˈkændɪ] *n*
das Bonbon

Only pink **sweets** for me, please!
Bitte nur rosa Bonbons für mich!

the sugar
[ˈʃʊgə] *n*
der Zucker

Do you always have to knock over the **sugar**?
Musst du den Zucker immer umwerfen?

the honey
[ˈhʌnɪ] *n*
der Honig

I don't like sugar. I only eat really fresh **honey**.
Ich mag keinen Zucker, ich nehme nur ganz frischen Honig!

the jam
[dʒæm] *n*
die Konfitüre

Tuck in! All the **jams** are homemade.
Greifen Sie zu! Alle Konfitüren sind hausgemacht.

the marmalade
[ˈmɑ:məleɪd] *n*
die Marmelade

Die englische marmalade ist leicht bitter und wird aus Orangen oder Zitronen hergestellt; alle anderen Marmeladen heißen jam oder auch seltener preserve und im AE jelly.

the chocolate
[ˈtʃɒklət] *n*
die Schokolade

A **chocolate** fountain – a hit at any children's birthday party.
Schokolade in Kaskaden – der Hit auf jedem Kindergeburtstag.

the ice cream
[ˌaɪs ˈkri:m] *n*
das Eis

Lisa would have liked her **ice cream** to have colourful bits too.
Lisa hätte auch gern bunte Stückchen auf ihrem Eis.

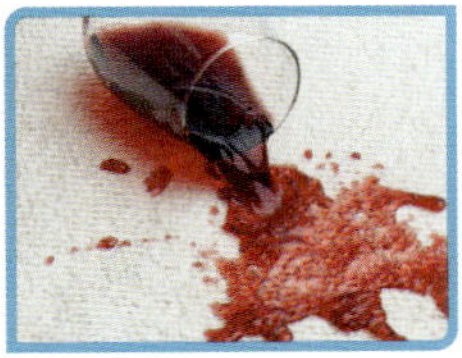

the drink
[drɪŋk] *n*
das Getränk

Marina's only having colourless **drinks** from now on.

Für Marina gibt es nur noch farblose Getränke.

the beer
[bɪə] *n*
das Bier

He, Finger weg von meinem Bier!

the alcohol
['ælkəhɒl] *n*
der Alkohol

the wine
[waɪn] *n*
der Wein

If you want **wine**, you have to crush the grapes.

Wer Wein haben will, muss die Trauben kaputt machen.

the ice cube
['aɪs kju:b] *n*
der Eiswürfel

Ice cubes are the low-calorie equivalent of ice cream.

Eiswürfel sind die kalorienarme Variante von Eiscreme.

the bottle
['bɒtl] *n*
die Flasche

...But just don't try taking the **bottle** away from her.

... Aber versuch bloß nicht, ihr die Flasche wegzunehmen.

the mineral water
['mɪnrəl ˌwɔ:tə] *n*
das Mineralwasser

I don't leave the house without a bottle of **mineral water**.

Ohne eine Flasche Mineralwasser gehe ich nicht aus dem Haus.

the coffee
['kɒfɪ] *n*
der Kaffee

In **coffee** adverts they use washing-up liquid to make the froth.

In der Werbung machen sie die Bläschen auf dem Kaffee mit Spülmittel.

the tea
[ti:] *n*
der Tee

You have to take your time to drink **tea** like this.

Für diese Art, Tee zu trinken, müssen Sie sich Zeit nehmen.

the **restaurant**
['restrɒnt] *n*
das Restaurant

In a **restaurant** you have to maintain the quality even when there are lots of orders.

Im Restaurant muss man auch bei vielen Bestellungen die Qualität halten.

the **waitress**
['weɪtrəs] *n*
die Bedienung

la **carte**
[kaʀt] *n*
die Speisekarte

Ce n'est pas sur la **carte**, mais pourrais-je vous demander …

Es steht nicht auf der Speisekarte, aber dürfte ich Sie bitten …

the **waiter**
['weɪtə] *n*
der Kellner, der Ober

Yoohoo! **Waiter**!

Hallooooo! Herr Ober!

the **tip**
[tɪp] *n*
das Trinkgeld

Is that supposed to be a **tip**?

Das soll ein Trinkgeld sein?

only
['əʊnlɪ] *adj, adv*
nur

…I'm **only** slightly hungry anyway.

… ich hab' ja auch nur wenig Hunger.

the **bill**
[bɪl] *n*
die Rechnung

That must be the **bill** for the next table.

Das muss die Rechnung für den Nebentisch sein.

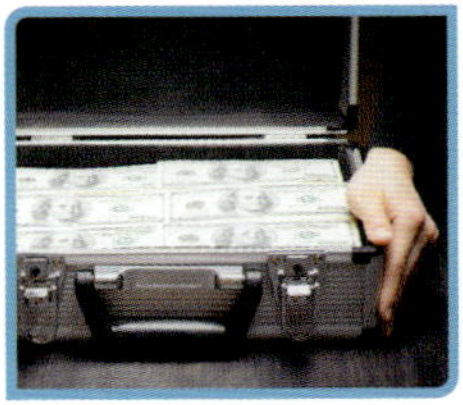

to **pay**
[tə 'peɪ] *v*
bezahlen

I'**ve paid** you for your work, now beat it!

Ich habe Sie für Ihren Job bezahlt, jetzt verschwinden Sie!

the **café**
['kæfeɪ] *n*
das Café

Martha was glad that Inge didn't make a scene at the **café**.

Martha war froh, dass Inge ihr im Café keine Szene machte.

the **cake shop**
['keɪk ʃɒp] *n*
die Konditorei

Can't find what you're looking for? You'll always find something at the **cake shop**.

Shopping-Frust? In der Konditorei findest du immer etwas.

the **dessert**
[dɪ'zɜːt] *n*
der Nachtisch

Let's share the **dessert**. You can have the mint leaf.

Lass uns den Nachtisch teilen: Du kriegst das Minzeblättchen.

the **set meal**
[ˌset 'miːl] *n*
das Menü

Oh God, the **set meal** is made up of 19 **courses**.

Oh Gott, das Menü besteht aus 19 Gängen.

the **course**
[kɔːs] *n*
der Gang

the **pub**
[pʌb] *n*
der Pub, die Kneipe

the **bar**
[bɑː(r)] *n*
die Bar

the **dish**
[dɪʃ] *n*
das Gericht

the **soup**
[suːp] *n*
die Suppe

Soup for 40 – that's a real feat of strength.

Suppe für 40 Mann – das ist ein echter Kraftakt.

the **speciality** BE,
the **specialty** AE
[ˌspeʃɪˈæləti], [ˈspeʃəlti] *n*
die Spezialität

The only way I can get this **speciality** down is with some schnapps.

Diese Spezialität bekomme ich nur mit einem Schnaps runter.

the **omelette**
[ˈɒmlət] *n*
das Omelett

Semi-final of the World **Omelette**-Making Championships.

Halbfinale bei der Weltmeisterschaft im Omelettzubereiten.

the **chips** BE,
the **French fries** AE
[chips], [ˈfrentʃ ˌfraɪz] *n*
die Pommes frites

These English people. Putting vinegar instead of ketchup on their **chips**.

Diese Engländer: Essig statt Ketchup auf die Pommes frites.

the **snack**
[snæk] *n*
der Imbiss

the **hamburger**
[ˈhæmbɜːgə] *n*
der Hamburger

the **pizza**
[ˈpiːtsə] *n*
die Pizza

the **sandwich**
[ˈsænwɪdʒ] *n*
das Sandwich

the breakfast
['brekfəst] *n*
das Frühstück

Are you finally going to show me your stamp collection after **breakfast**?

Zeigst du mir nach dem Frühstück endlich deine Briefmarkensammlung?

to reserve, to book
[tə rɪ'zɜːv], [tə 'bʊk] *v*
reservieren

I'd be happy to **book** the Caligula Suite for you.

Gerne reserviere ich Ihnen die Caligula-Suite.

to set the table
[tə ˌset ðə 'teɪbl] *phrase*
den Tisch decken

When I'm **setting the tables**, it's almost like doing meditation.

Wenn ich die Tische decke, ist das fast wie eine Meditation.

the lunch
[lʌntʃ] *n*
das Mittagessen

Tanja enjoys having **lunch** with André.

Tanja genießt das gemeinsame Mittagessen mit André.

the supper, the dinner
['sʌpə], ['dɪnə] *n*
das Abendessen

Hurry up with your **dinner**, darling. The tide's coming in.

Schatzi, beeil dich mit dem Abendessen, die Flut kommt.

to have breakfast
[tə ˌhæv 'brekfəst] *phrase*
frühstücken

to have lunch
[tə ˌhæv 'lʌntʃ] *phrase*
zu Mittag essen

to have dinner
[tə ˌhæv 'dɪnə] *phrase*
zu Abend essen

full
[fʊl] *adj*
voll

As soon as the moon is **full** I sprout hair and my teeth start to grow.

Kaum wird der Mond voll, sprießen mir die Haare und wachsen die Zähne.

empty
['emptɪ] *adj*
leer

We have to get rid of the **empty** bottles every morning.

Jeden Morgen müssen wir die leeren Flaschen wegbringen.

without
[wɪð'aʊt] *prep*
ohne

I take my coffee **without** sugar…

Ich trinke meinen Kaffee ohne Zucker …

with
[wɪð] *prep*
mit

…but in this case I prefer it **with**.

… obwohl, bei diesem hier doch lieber mit.

Have fun!
[hæv 'fʌn] *interj*
Viel Spaß!

Egon's also at the party? Oh well then, **have fun!**

Egon ist auch auf der Party? Na dann viel Spaß!

to **go out**
[tə ˌgəʊ 'aʊt] *v*
ausgehen

War eine gute Idee, mit Heidi auszugehen. Das verspricht amüsant zu werden.

funny
['fʌnɪ] *adj*
amüsant, lustig

the **present**
['preznt] *n*
das Geschenk

A **present**? For me? Thanks, Grandma!

Ein Geschenk? Für mich? Danke, Omi!

the **birthday**
['bɜːθdeɪ] *n*
der Geburtstag

It's her **birthday** but she can't really enjoy it.

Sie hat Geburtstag, aber so richtig freuen kann sie sich nicht.

drunk
[drʌŋk] *adj*
betrunken

At the end of Helen's party, we were all **drunk**.

Am Ende von Helens Party waren wir alle betrunken.

to **congratulate**
[tə kən'grætʃʊleɪt] *v*
gratulieren, beglückwünschen

May I **congratulate** you on your yodelling diploma.

Ich darf Ihnen zu Ihrem Jodeldiplom gratulieren.

the **party**
['pɑːtɪ] *n*
das Fest, die Party

Death was on the prowl incognito at Anton's Halloween **party**.

Unerkannt schlich sich der Tod auf Antons Halloween-Party.

to **enjoy oneself**
[tə ɪn'dʒɔɪ wʌn,self] *v*
sich amüsieren

the **dance**
[dɑːns] *n*
der Tanz

to **celebrate**
[tə 'seləbreɪt] *v*
feiern

to **go for a drink**
[tə ,gəʊ fər ə 'drɪŋk] *phrase*
einen trinken gehen

the **art**

[ɑːt] *n*

die Kunst

Art is a conduit for the inexpressible.

Die Kunst ist eine Vermittlerin des Unaussprechlichen.

the painting
['peɪntɪŋ] *n*
das Gemälde, das Bild

Tell me, is that a photo or a **painting**?

Sag mal, ist das ein Foto oder ein Gemälde?

the studio
['stuːdɪəʊ] *n*
das Atelier

Uncle Gustav pays the rent for Amelie's **studio**.

Die Miete für Amelies Atelier bezahlt Onkel Gustav.

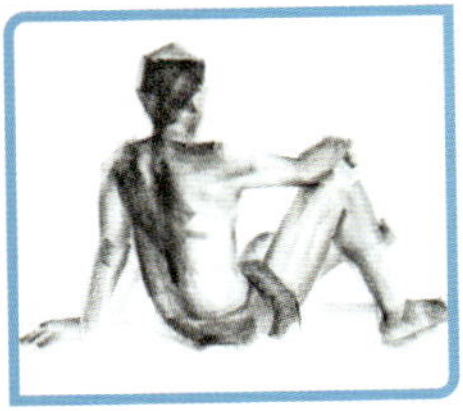

to draw
[tə 'drɔː] *v*
zeichnen

Larry loves **drawing** his friend.

Larry liebt es, seinen Freund zu zeichnen.

the gallery
['gæləri] *n*
die Galerie

The **gallery** made half its annual turnover that day.

Die Galerie machte an diesem Tag den halben Jahresumsatz.

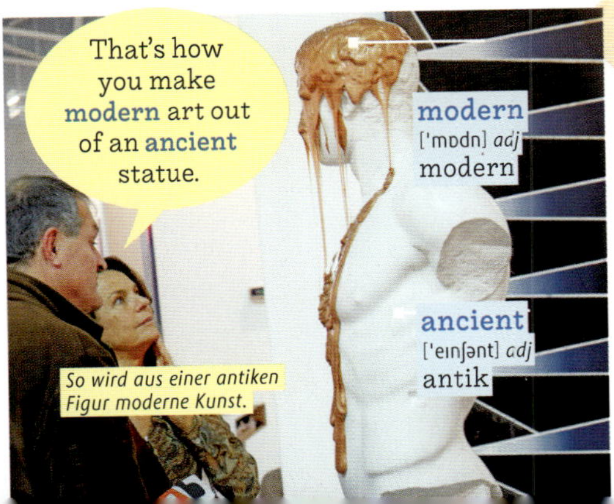

That's how you make **modern** art out of an **ancient** statue.

So wird aus einer antiken Figur moderne Kunst.

modern
['mɒdn] *adj*
modern

ancient
['eɪnʃənt] *adj*
antik

the picture
['pɪktʃə] *n*
das Bild

to paint
[tə 'peɪnt] *v*
malen

to show
[tə 'ʃəʊ] *v*
zeigen

the work
[wɜːk] *n*
das Werk, die Arbeit

the theatre BE,
the theater AE
['θɪətə], ['θɪətər] *n*
das Theater

I don't understand most of what goes on at the **theatre** but I like to watch.

Das Meiste im Theater verstehe ich nicht, aber ich gucke gerne zu.

the stage
[steɪdʒ] *n*
die Bühne

the film BE
the movie AE
[fɪlm], ['mu:vi:] *n*
der Film

I'm through with Hollywood. Now I'm going to make my own **film**.

Schluss mit Hollywood. Ich mach' jetzt meinen eigenen Film.

the cinema BE,
the movie theater AE
['sɪnəmə], ['mu:vi: ˌθɪətər] *n*
das Kino

At least she'll eat her fill at the **cinema**.

Im Kino wird sie wenigstens satt.

the play
[pleɪ] *n*
das (Theater)Stück

the performance
[pə'fɔ:məns] *n*
die Vorstellung, die Aufführung

to stage
[tə 'steɪdʒ] *v*
inszenieren

the plot
[plɒt] *n*
die Handlung

the book
[bʊk] *n*
das Buch

I had the feeling that the **book** was changing me.

Ich hatte das Gefühl, dass das Buch mich veränderte.

to read
[tə 'riːd] *v*
lesen, vorlesen

Only the scanner gets to **read** the prices here.

Nur der Scanner kann hier die Preise lesen.

the novel
['nɒvl] *n*
der Roman

What was that **novel** about the whale called again?

Wie hieß noch mal dieser Roman mit dem Wal?

the library
['laɪbrərɪ] *n*
die Bücherei, die Bibliothek

Jamie was banned from the **library** after that.

Jamie bekam daraufhin Hausverbot in der Bücherei.

the fairy tale
['feərɪ teɪl] *n*
das Märchen

The king would have liked most of all to live in a **fairy tale**.

Der König hätte am liebsten in einem Märchen gelebt.

the reader
['riːdə] *n*
der Leser, die Leserin

the title
['taɪtl] *n*
der Titel

the story
['stɔːrɪ] *n*
die Geschichte

the tale
[teɪl] *n*
die Erzählung

the **music**
['mjuːzɪk] *n*
die Musik

Hey, die Kinder haben echt ein Gefühl für Musik.

the **voice**
[vɔɪs] *n*
die Stimme

It's unbelievable what she can do with her **voice**.

Unglaublich, was sie mit ihrer Stimme vermag.

the **concert**
['kɒnsət] *n*
das Konzert

It was the most fantastic **concert** of his life.

Das war das tollste Konzert seines Lebens.

the **opera**
['ɒprə] *n*
die Oper

I don't understand the words to this **opera** at all.

In dieser Oper verstehe ich den Text überhaupt nicht.

to sing
[tə 'sɪŋ] *v*
singen

Gudrun **sang** the role of Brunhilde with great fervour.

Gudrun sang die Brunhilde voll Inbrunst.

the stereo
['sterɪəʊ] *n*
die Stereoanlage

Do you still know how to work things like **stereos**?

Kennst du dich noch mit so Stereoanlagen aus?

the loudspeaker
[ˌlaʊd'spiːkə] *n*
der Lautsprecher

One of these **loudspeakers** has got to work.

Einer dieser Lautsprecher müsste doch funktionieren.

the song
[sɒŋ] *n*
das Lied

I've written you a **song**. Will you come back to me?

Ich habe dir ein Lied geschrieben. Kommst du zu mir zurück?

quiet
['kwaɪət] *adv*
leise

Be **quiet**. The boss is meditating.

Seien Sie leise. Die Chefin meditiert.

loud
[laʊd] *adv*
laut

That whistling sound in my ear has got really **loud** since the construction work began.

Der Pfeifton in meinem Ohr ist seit den Bauarbeiten richtig laut geworden.

the **instrument**
['ɪnstrəmənt] *n*
das Instrument

I should probably learn to play another **instrument**.

Ich muss wahrscheinlich noch ein anderes Instrument lernen.

the **piano**
[pɪ'ænəʊ] *n*
das Klavier

When Walter plays the **piano**, Waldi is his fiercest critic.

Wenn Walter Klavier spielt, ist Waldi sein schärfster Kritiker.

the **drums**
[drʌmz] *n*
das Schlagzeug

My **drums** make my hair look beautiful.

Mein Schlagzeug macht mir die Haare schön.

the **guitar**
[gɪ'tɑː] *n*
die Gitarre

He'd never wanted to be a farmer. He'd only ever wanted to play the **guitar**.

Nie wollte er Bauer werden, er wollte immer nur Gitarre spielen.

the **drum**
[drʌm] *n*
die Trommel

That **drum** is starting to get on my nerves.

Die Trommel geht mir langsam auf die Nerven.

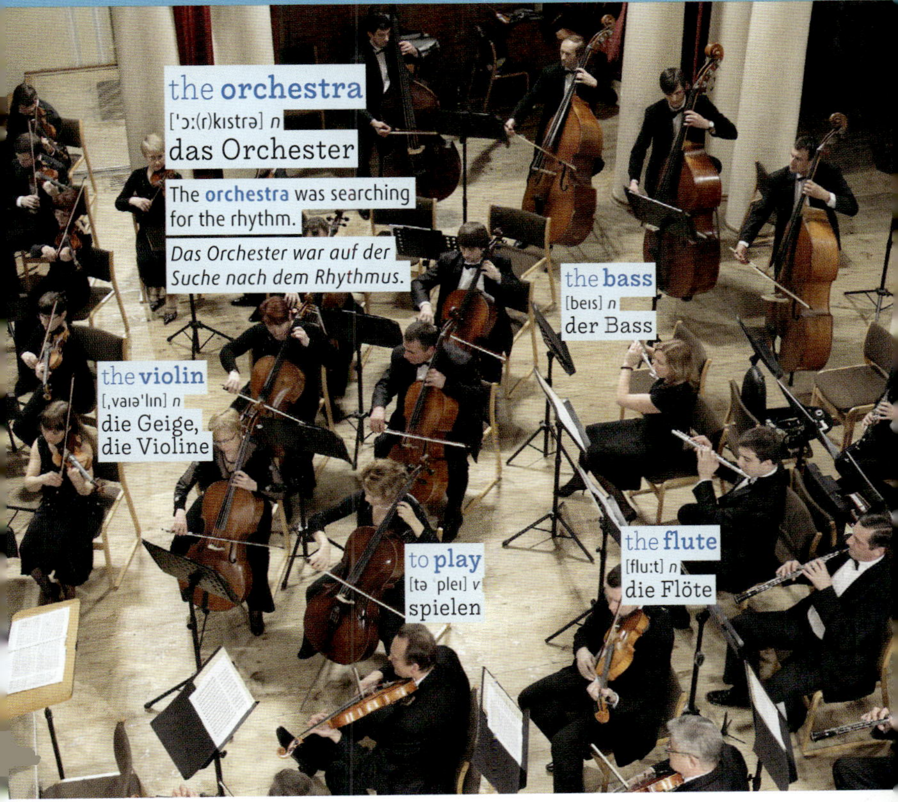

the orchestra
['ɔː(r)kɪstrə] *n*
das Orchester

The **orchestra** was searching for the rhythm.

Das Orchester war auf der Suche nach dem Rhythmus.

the bass
[beɪs] *n*
der Bass

the violin
[ˌvaɪə'lɪn] *n*
die Geige, die Violine

to play
[tə 'pleɪ] *v*
spielen

the flute
[fluːt] *n*
die Flöte

high
[haɪ] *adj*
hoch

The **high** twittering of the Bluethroat…

Das hohe Zwitschern des Blaukehlchens …

low
[ləʊ] *adj*
tief

…is promptly answered by the **low** roaring of the Elephant Seal.

… wird prompt mit tiefem Röhren des See-Elefanten beantwortet.

the shop
[ʃɒp] *n*
das Geschäft, der Laden

I wouldn't like to know how much the **shops** pay in rent here.

Ich möchte nicht wissen, was die Läden hier an Miete zahlen.

Tut tut.
The things they call children's books in this **book shop**...

the **bookshop** BE,
the **bookstore** AE
['bʊkʃɒp], ['bʊkʃtɔːr] *n*
die Buchhandlung

Tss. Was man in dieser Buchhandlung so alles unter Kinderbüchern versteht ...

the **market**
['mɑːkɪt] *n*
der Markt

The real economy still rules at this type of **market**.

Auf dieser Art von Markt herrscht noch Realwirtschaft.

the **bakery**
['beɪkərɪ] *n*
die Bäckerei

My **bakery** doesn't have any wholemeal bread! That does it!

In meiner Bäckerei gibt es kein Vollkornbrot! Basta!

the **department store**
[dɪ'pɑːtmənt ˌstɔː] *n*
das Kaufhaus

But the toys are right on the top floor of this **department store**...

Die Spielsachen sind aber in diesem Kaufhaus ganz oben ...

the **supermarket**
['suːpəmɑːkɪt] *n*
der Supermarkt

I'm just at the **supermarket**. Do you need anything?

Ich bin gerade im Supermarkt. Brauchst du was?

the **grocer's** BE,
the **grocery store** AE
['grəʊsəz], ['grəʊsərɪ ˌstɔːr] *n*
das Lebensmittelgeschäft

the **shoe shop** BE,
the **shoe store** AE
['ʃuː ʃɒp], ['ʃuː stɔːr] *n*
das Schuhgeschäft

the **clothes shop** BE,
the **clothes store** AE
['kləʊðz ʃɒp], ['kləʊðz stɔːr] *n*
das Bekleidungsgeschäft

the **shopping bag**
['ʃɒpɪŋ ˌbæg] *n*
die Einkaufstasche

What have you got in your **shopping bag**? – Which one?

Was hast du in deiner Einkaufstasche? – In welcher?

to **buy**
[tə 'baɪ] *v*
kaufen

No, Lennart, you don't **buy** children at the supermarket.

Nein, Lennart, man kauft Kinder doch nicht im Supermarkt.

closed
[kləʊzd] *adj*
geschlossen

open
['əʊpən] *adj*
geöffnet, offen

Why is this shutter only ever **open** for a short time?

Warum ist dieser Fensterladen immer nur kurz geöffnet?

to **sell**
[tə 'sel] *v*
verkaufen

Christina **sold** her wedding jewellery very discreetly.

Ganz diskret verkaufte Christina ihren Hochzeitsschmuck.

the **shopping list**
['ʃɒpɪŋ ˌlɪst] *n*
der Einkaufszettel

Tanja's **shopping list** is digital because that way she can't lose it.

Tanjas Einkaufszettel ist digital, weil sie ihn so nicht verliert.

to **choose**
[tə 'tʃuːz] *v*
aussuchen

You have to **choose** your friends carefully.

Man muss sich seine Freunde sorgfältig aussuchen.

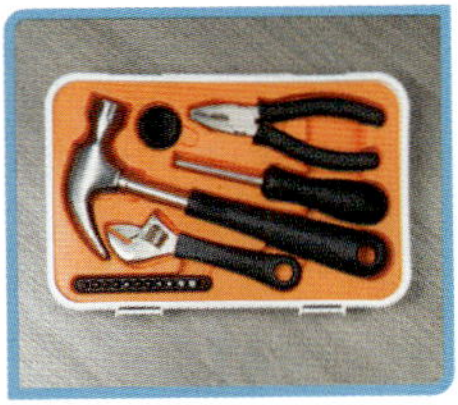

complete
[kəm'pliːt] *adj*
vollständig

Small but **complete**!

Klein, aber vollständig!

sold out
[ˌsəʊld 'aʊt] *adj*
ausverkauft

The wholemeal bread **was** unexpectedly **sold out**.

Das Vollkornbrot war wider Erwarten ausverkauft.

new
[njuː] *adj*
neu

My **new** car. Or it soon will be. I've already started saving up.

Mein neues Auto. Bald. Ich fange schon an zu sparen.

second-hand
[ˌsekənd'hænd] *adj*
gebraucht, Gebraucht-

You can even get **second-hand** light bulbs here!

Hier gibt's sogar gebrauchte Glühbirnen!

to **serve**
[tə 'sɜːv] *v*
bedienen

the **sale**
[seɪl] *n*
der Verkauf

the **acquisition**
[ˌækwɪ'zɪʃn] *n*
der Kauf

the **offer**
['ɒfə] *n*
das Angebot

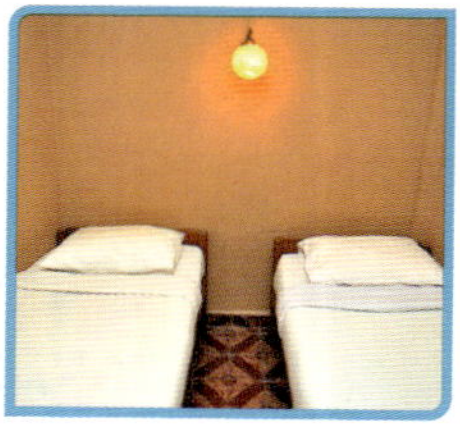

cheap
[tʃiːp] *adj*
billig, günstig

Thank God we'd found a **cheap** hotel in Rome.

In Rom hatten wir Gott sei Dank ein billiges Hotel gefunden.

the **complaint**
[kəm'pleɪnt] *n*
die Reklamation

Viktoria made a **complaint** about the size of the cup.

Viktoria hatte eine Reklamation wegen der Tassengröße.

expensive
[ɪk'spensɪv] *adj*
teuer

War deine Nasen-OP auch so teuer?

the **queue** BE, the **line** AE
['kjuː], [laɪn] *n*
die (Warte)Schlange

There was a long **queue** for the gents again.

An der Herrentoilette war wieder mal eine lange Schlange.

to **cost**
[tə 'kɒst] *v*
kosten

to **query**
[tə 'kwɪəri] *v*
reklamieren

How much is...?
[haʊ 'mʌtʃ ɪz] *phrase*
Was kostet ...?

the **receipt**
[rɪ'siːt] *n*
die Quittung, der Beleg

to **spend**
[tə 'spend] *v*
ausgeben

Do you really want to **spend** all your gold nuggets on soap?

Wollen Sie wirklich alle Gold-Nuggets für Seife ausgeben?

the **price**
[praɪs] *n*
der Preis

Wait until it's hailing, then the **price** will go down.

Warte bis es hagelt, dann sinkt der Preis.

to **exchange**
[tʊ ɪks'tʃeɪndʒ] *v*
umtauschen

I'd like to **exchange** these euros – I don't like the colour.

Ich möchte diese Euros umtauschen – die Farbe gefällt mir nicht.

the **checkout**, the **cash desk**
['tʃekaʊt], ['kæʃ desk] *n*
die Kasse

Customer information. **Checkout** 17 is closing. Please use another **checkout**.

Verehrte Kunden, Kasse 17 schließt. Bitte benutzen Sie eine andere Kasse.

SPORT & HOBBYS

the **sport**
[spɔːt] *n*
der Sport

Sport is my whole life.
Sport ist mein ganzes Leben.

to **run**
[tə ˈrʌn] *v*
rennen, laufen

Run faster. The vicar's catching up.

Lauf schneller, der Pfarrer holt auf.

the **race**
[reɪs] *n*
das Rennen

Alina leaves everyone else trailing in every **race**.

Alina hängt bei jedem Rennen alle anderen ab.

to **train**
[tə ˈtreɪn] *v*
trainieren

Oleg **is training** for his role as Rocky VIII.

Oleg trainiert für seine Rolle als Rocky VIII.

the **player**
[ˈpleɪə] *n*
der Spieler, die Spielerin

I find it easier against **players** made of flesh and blood.

Gegen Spieler aus Fleisch und Blut tue ich mich leichter.

almost
[ˈɔːlməʊst] *adv*
fast, beinahe

I **almost** came second.

Beinahe wäre ich Zweiter geworden.

the **ball**
[bɔːl] *n*
der Ball

Dirk can do anything with the **ball**.

Dirk macht mit dem Ball, was er will.

the **game,** the **match**
[geɪm], [mætʃ] *n*
das Spiel, das Match

The **match** against the girls was threatening to get personal.

Das Spiel gegen die Mädels drohte persönlich zu werden.

Für Mannschaftsspiele wird im AE und BE das Wort game verwendet; im BE spricht man darüber hinaus auch von einem match.

to **catch**
[tə 'kætʃ] *v*
fangen

The lion had a surprising technique for **catching** its prey.

Der Löwe hatte eine überraschende Technik, um seine Beute zu fangen.

to **jump**
[tə 'dʒʌmp] *v*
springen

When Willi **jumps**, it looks as if he can fly.

Wenn Willi springt, sieht es so aus, als könne er fliegen.

to **ride**
[tə 'raɪd] *v*
reiten

I've always wanted to **ride** an elephant – never again!

Ich wollte immer auf einem Elefanten reiten – nie wieder!

the **hike**
[haɪk] *n*
die Wanderung

Now I'm glad I came on this **hike** after all.

Ich bin jetzt doch froh, dass ich bei der Wanderung dabei bin.

slow
[sləʊ] *adj*
langsam

It's not me that's too **slow**. It's you that's too impatient.

Ich bin nicht zu langsam. Ihr seid zu ungeduldig.

fast
[fɑːst] *adj*
schnell

Martin has to show off in his **fast** boat again.

Martin muss wieder mit seinem schnellen Boot angeben.

to **throw**
[tə 'θrəʊ] *v*
werfen

Hendrik **throws** his eighth goal!

Hendrik wirft sein achtes Tor!

football BE, **soccer** AE
['fʊtbɔːl], ['sɒkə] *n*
der Fußball

Football is also very nice from the touchline.

Fußball ist auch vom Spielfeldrand aus ganz schön.

the **opponent**
[ə'pəʊnənt] *n*
der Gegner, die Gegnerin

the **goal**
[gəʊl] *n*
das Tor

to **shoot**
[tə 'ʃuːt] *v*
schießen

the **competition**
[ˌkɒmpə'tɪʃn] *n*
der Wettkampf

to **swim**
[tə 'swɪm] *v*
schwimmen

I always take my duck **swimming** with me.

Ich nehme meine Ente immer mit, wenn ich schwimmen gehe.

the **swimming pool**
['swɪmɪŋ ˌpuːl] *n*
das Schwimmbad

Dogs aren't really allowed in the **swimming pool**.

Hunde sind im Schwimmbad eigentlich verboten.

the **start**
[stɑːt] *n*
der Start

He lost two seconds already at the **start**.

Er verlor schon beim Start zwei Sekunden.

the **finish**
['fɪnɪʃ] *n*
das Ziel

Andreas reached the **finish** on his last legs.

Mit letzter Kraft erreichte Andreas das Ziel.

the **winner**
['wɪnə] *n*
der Sieger, die Siegerin

The **winner** receives a 24-piece coffee service.

Der Sieger bekommt ein 24-teiliges Kaffeeservice.

the **loser**
['luːzə] *n*
der Verlierer, die Verliererin

You're the **losers**. Deal with it.

Findet euch damit ab: Ihr seid die Verlierer.

famous
['feɪməs] *adj*
berühmt

This nose has been **famous** for over 3000 years.

Diese Nase ist seit über 3000 Jahren berühmt.

the **victory**
['vɪktərɪ] *n*
der Sieg

to **win**
[tə 'wɪn] *v*
gewinnen

the **defeat**
[dɪ'fiːt] *n*
die Niederlage

to **lose**
[tə 'luːz] *v*
verlieren

to **take pictures**
[tə ˌteɪk ˈpɪktʃəz]
phrase
fotografieren

Schade, dass man nur vom Spielfeldrand aus fotografieren darf.

the **free time**
[ˌfriː ˈtaɪm] *n*
die Freizeit

Leave me alone – I can do what I like in my **free time**.

Lass mich – ich kann in meiner Freizeit machen, was ich will.

the **camera**
[ˈkæmrə] *n*
der Fotoapparat

My **camera** can also make phone calls.

Mein Fotoapparat kann auch telefonieren.

the **flash**
[flæʃ] *n*
der Blitz

I love it when the **flashes** are going off all around me.

Ich liebe es, wenn die Blitze um mich herum aufleuchten.

the **subject**
[ˈsʌbdʒekt] *n*
das Motiv

I've found a totally unique **subject**.

Ich hab' ein wirklich einzigartiges Motiv gefunden.

to play
[tə 'pleɪ] *v*
spielen

Lara likes to be a little bit mean when she **plays** with her cat.

Wenn Lara mit ihrer Katze spielt, ist sie gern ein bisschen gemein.

the game
[geɪm] *n*
das Spiel

I wouldn't have thought you'd have enjoyed a **game** like that…

Hätte ich nicht gedacht, dass ihr an so einem Spiel Spaß habt…

the luck
[lʌk] *n*
das Glück

His **luck** hadn't deserted Hannes this time either.

Das Glück ließ Hannes auch diesmal nicht im Stich.

the dice
[daɪs] *n*
der Würfel, die Würfel

Blue **dice** always bring me luck.

Blaue Würfel bringen mir immer Glück.

bad luck
[ˌbæd 'lʌk] *n*
das Pech

That was just **bad luck**. Have another go.

Das war aber jetzt Pech. Probier's einfach noch mal.

to **go for a walk**

[tə ˌgəʊ fər ə ˈwɔːk] *phrase*

einen Spaziergang machen

Emma always meets nice people when she **goes for a walk**.

Emma trifft immer nette Leute, wenn sie einen Spaziergang macht.

to **fish**

[tə ˈfɪʃ] *v*

angeln

If you want to **fish**, you have to be able to keep still, Patrick.

Wer angeln will, muss stillhalten können, Patrick.

to **do handicrafts**

[tə ˌduː ˈhændɪkrɑːfts] *phrase*

basteln

Anna-Marie takes **doing handicrafts** very seriously.

Anna-Marie bastelt mit großem Ernst.

the **tool**

[tuːl] *n*

das Werkzeug

The use of **tools** is a sign of intelligence.

Im Gebrauch von Werkzeug zeigt sich die Intelligenz.

the **pocket knife**

[ˈpɒkɪt ˌnaɪf] *n*

das Taschenmesser

He was so proud. His **pocket knife** had 27 tools.

Er war so stolz: Sein Taschenmesser hatte 27 Werkzeuge.

the **world**

[wɜːld] *n*

die Welt

My **world** tour ended after just two weeks – I wanted to stay here!

Meine Reise um die Welt war schon nach zwei Wochen beendet – hier wollte ich bleiben!

DIE GROSSE WELT

the journey
['dʒɜːni] *n*
die Reise

Luxury always mattered to us on our **journey**.

Luxus war uns auf unserer Reise immer wichtig.

the **travel agency**
['trævl ˌeɪdʒənsɪ] *n*
das Reisebüro

I'm terribly sorry, but our **travel agency** specializes in tours of Siberia.

Tut mir leid, unser Reisebüro ist auf Sibirien-Touren spezialisiert.

the **map**
[mæp] *n*
die Landkarte

It's incredible, you just touch the **map** and off you go!

Ein Wunder: man berührt nur die Landkarte und schon geht's los!

the **holiday** BE,
the **vacation** AE
['hɒlədeɪ], [və'keɪʃn] *n*
der Urlaub, die Ferien

I so need a **holiday**!

Ich! brauche! Urlaub!

the **tourist**
['tʊərɪst] *n*
der Tourist,
die Touristin

They just have to be **tourists**.

Das können nur Touristen sein.

to **cancel**
[tə 'kænsl] *v*
stornieren

Wenn du diese Reise buchst, storniere ich sie sofort wieder.

to **book**
[tə bʊk] *v*
buchen

the **(suit)case**
[('su:t)keɪs] *n*
der Koffer

My brother's travelling with me free of charge in the **suitcase**.

In dem Koffer fährt mein Bruder umsonst mit.

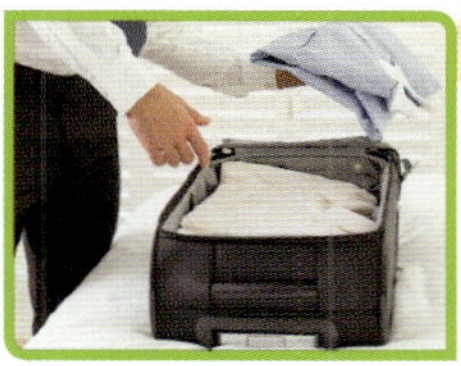

to **pack**
[tə 'pæk] *v*
packen

Whenever I **pack** my case, there's always a sock missing.

Immer, wenn ich den Koffer packe, fehlt eine Socke.

to **travel**
[tə 'trævl] *v*
reisen

the **tourism**
['tʊərɪzm] *n*
der Tourismus

tourist
['tʊərɪst] *adj*
touristisch,
Touristen-

the **luggage** BE,
the **baggage** AE
['lʌgɪdʒ], ['bægɪdʒ] n
das Gepäck

the passport
[ˈpɑːspɔːt] *n*
der Reisepass

Hmm, which **passport** should I go with for my next mission?

Hm, welcher Pass passt für meine nächste Mission?

valid
[ˈvælɪd] *adj*
gültig

the hotel
[həʊˈtel] *n*
das Hotel

Classy or what? I always splash out on room service when I'm staying at this **hotel**.

Schick: Hier im Hotel leiste ich mir immer den Zimmerservice.

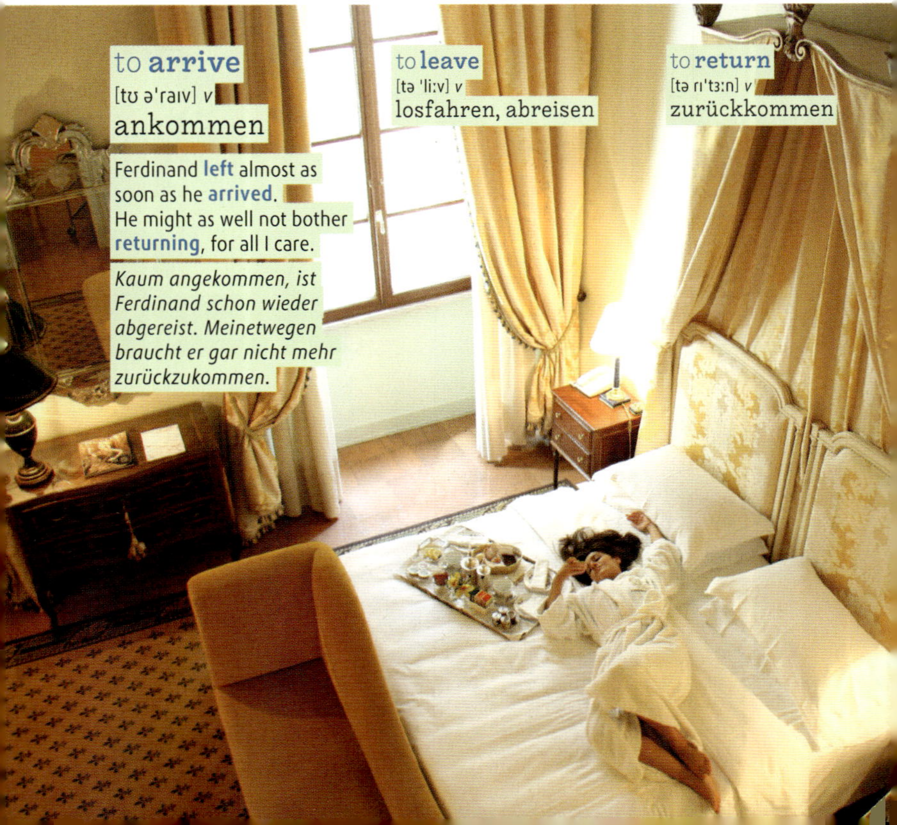

to arrive
[tʊ əˈraɪv] *v*
ankommen

to leave
[tə ˈliːv] *v*
losfahren, abreisen

to return
[tə rɪˈtɜːn] *v*
zurückkommen

Ferdinand **left** almost as soon as he **arrived**. He might as well not bother **returning**, for all I care.

Kaum angekommen, ist Ferdinand schon wieder abgereist. Meinetwegen braucht er gar nicht mehr zurückzukommen.

the **youth hostel**
['juːθ ˌhɒstl] *n*
die Jugendherberge

The count would have been appalled at the idea of a **youth hostel** in his castle.

Eine Jugendherberge in seinem Schloss hätte dem Herrn Grafen gar nicht gefallen.

full
[fʊl] *adj*
ausgebucht

All the hotels are **full**.

Alle Hotels sind ausgebucht.

the **tent**
[tent] *n*
das Zelt

You idiot, you didn't leave the honey in the **tent**, did you?

Hast du Idiot etwa den Honig im Zelt gelassen?

the **sleeping bag**
['sliːpɪŋ ˌbæg] *n*
der Schlafsack

the **reception**
[rɪ'sepʃn] *n*
die Rezeption

Before he took off, he left a message for her with **reception**.

Bevor er verschwand, hinterließ er ihr noch eine Nachricht an der Rezeption.

the **identity card**
[aɪ'dentətɪ ˌkɑːd] *n*
der Personalausweis

the **campsite** BE, the **campground** AE
['kæmpsaɪt], ['kæmpgraʊnd] *n*
der Campingplatz

the **double room**
[ˌdʌbl 'ruːm] *n*
das Doppelzimmer

the **single room**
[ˌsɪŋgl 'ruːm] *n*
das Einzelzimmer

the **guided tour**
[ˌgaɪdɪd 'tʊə] *n*
die Führung

After finishing the **guided tour** in record time, they finally had some coffee.

Die Führung war in Rekordzeit beendet, danach gab's endlich Kaffee.

to **lead**
[tə 'li:d] *v*
führen

to **visit**
[tə 'vɪzɪt] *v*
besichtigen

We wanted to **visit** the castle too, but we were too late.

Wir wollten noch das Schloss besichtigen – aber zu spät.

the **mosque**
[mɒsk] *n*
die Moschee

After 1453, the Hagia Sophia was converted into a **mosque**,…

Die Hagia Sophia wurde nach 1453 zur Moschee umgebaut, …

the **synagogue**
['sɪnəgɒg] *n*
die Synagoge

…Prague's Jerusalem **Synagogue** was completed in 1906,…

… die Jerusalem-Synagoge in Prag wurde 1906 vollendet, …

the **church**
[tʃɜ:t] *n*
die Kirche

…the **church** at Ronchamp was consecrated in 1955,…

… die Kirche von Ronchamp wurde 1955 eingeweiht, …

the **cathedral**
[kə'θi:drəl] *n*
der Dom,
die Kathedrale

…Cologne **Cathedral** is still covered in scaffolding.

… am Kölner Dom hängen immer noch die Gerüste.

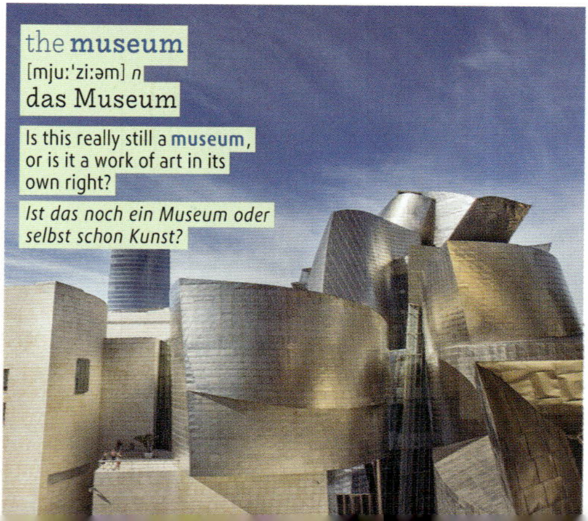

the **museum**
[mju:'zi:əm] *n*
das Museum

Is this really still a **museum**, or is it a work of art in its own right?

Ist das noch ein Museum oder selbst schon Kunst?

the trip
[trɪp] *n*
der Ausflug

Although the **trip** was only to the town park, we had a really great time!

Der Ausflug ging nur in den Stadtpark, war aber super!

the tower
['taʊə] *n*
der Turm

The leaning **tower** has finally fallen over.

Jetzt ist der schiefe Turm doch noch umgekippt.

the palace
['pæləs] *n*
der Palast

You live here, Felipe? It's a **palace**!

Hier wohnst du, Felipe? Das ist ja ein Palast!

the castle
['kɑːsl] *n*
das Schloss, die Burg

The Highlander was already freezing to death in this **castle** 500 years ago.

Auf dieser Burg hat vor 500 Jahren schon der Highlander gefroren.

LÄNDER

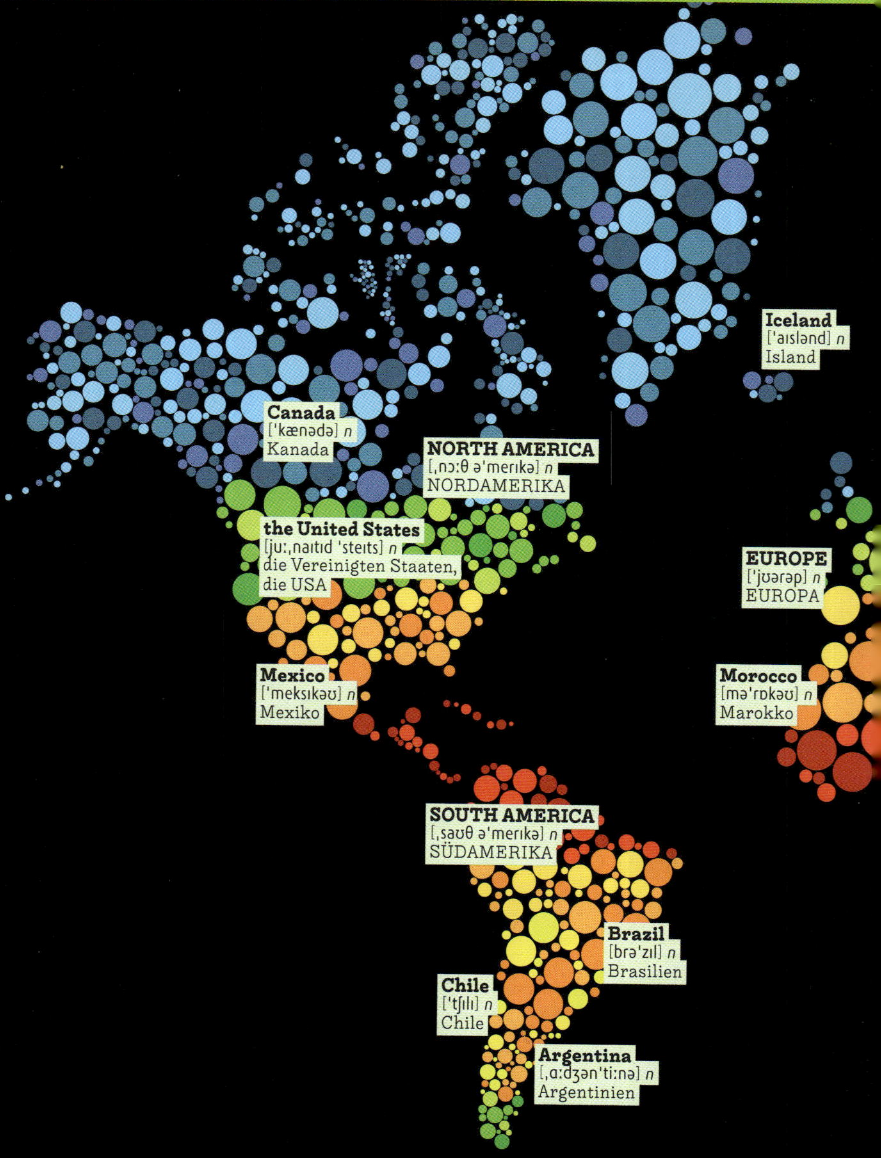

Canada
[ˈkænədə] n
Kanada
NORTH AMERICA
[ˌnɔːθ əˈmerɪkə] n
NORDAMERIKA
Iceland
[ˈaɪslənd] n
Island
the United States
[juːˌnaɪtɪd ˈsteɪts] n
die Vereinigten Staaten,
die USA
EUROPE
[ˈjʊərəp] n
EUROPA
Mexico
[ˈmeksɪkəʊ] n
Mexiko
Morocco
[məˈrɒkəʊ] n
Marokko
SOUTH AMERICA
[ˌsaʊθ əˈmerɪkə] n
SÜDAMERIKA
Brazil
[brəˈzɪl] n
Brasilien
Chile
[ˈtʃɪlɪ] n
Chile
Argentina
[ˌɑːdʒənˈtiːnə] n
Argentinien

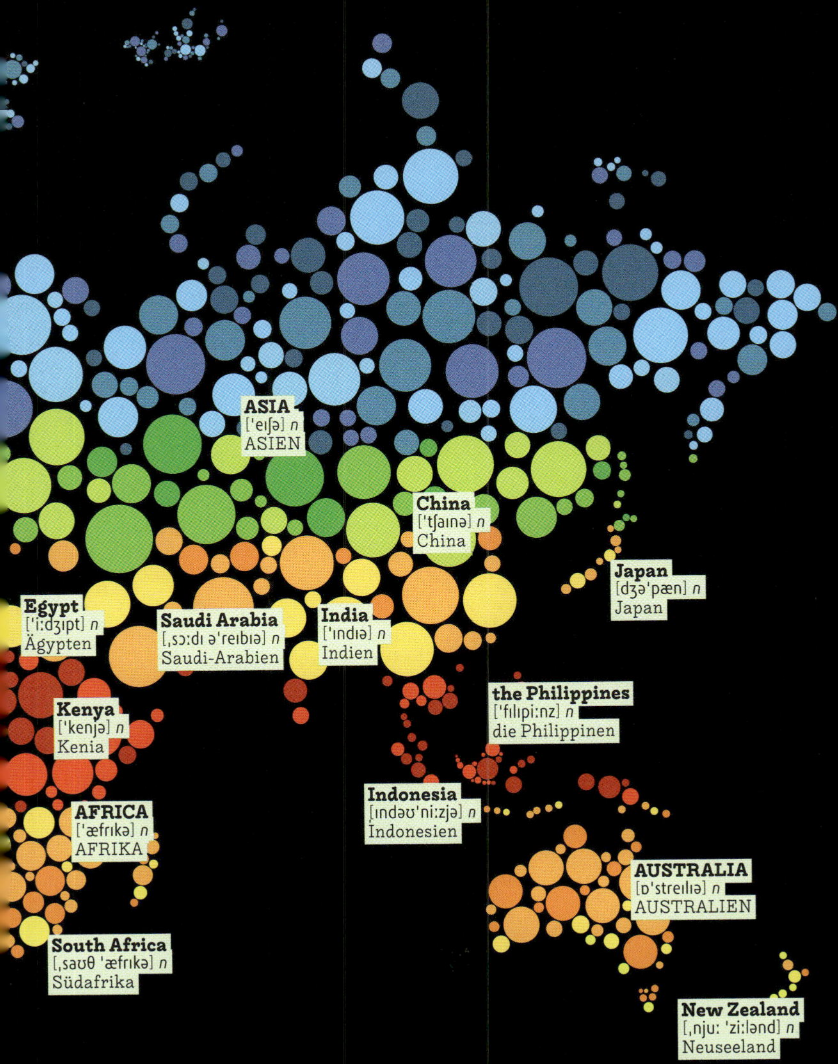
ASIA
['eɪʃə] n
ASIEN
China
['tʃaɪnə] n
China
Japan
[dʒə'pæn] n
Japan
Egypt
['i:dʒɪpt] n
Ägypten
Saudi Arabia
[ˌsɔ:dɪ ə'reɪbɪə] n
Saudi-Arabien
India
['ɪndɪə] n
Indien
the Philippines
['fɪlɪpi:nz] n
die Philippinen
Kenya
['kenjə] n
Kenia
Indonesia
[ɪndəʊ'ni:zjə] n
Indonesien
AFRICA
['æfrɪkə] n
AFRIKA
AUSTRALIA
[ɒ'streɪlɪə] n
AUSTRALIEN
South Africa
[ˌsaʊθ 'æfrɪkə] n
Südafrika
New Zealand
[ˌnju: 'zi:lənd] n
Neuseeland

North
[nɔːθ] n
Norden
West
[west] n
Westen
East
[iːst] n
Osten
South
[saʊθ] n
Süden
Sweden
['swiːdn] n
Schweden
Norway
['nɔː(r)weɪ] n
Norwegen
1) Slovakia
[sləʊ'vækɪə] n
Slowakei
2) Hungary
['hʌŋgərɪ] n
Ungarn
3) Slovenia
[sləʊ'viːnjə] n
Slowenien
4) Serbia
['sɜːbjə] n
Serbien
5) Bosnia-Herzegovina
[ˌbɒznɪəˌhɜː(r)tsə'gɒvɪnə] n
Bosnien-Herzegowina
6) North Macedonia
[ˌnɔːθ mæsɪ'dəʊnɪə] n
Nordmazedonien
7) Albania
[æl'beɪnjə] n
Albanien
8) Lithuania
[ˌlɪθjuː'eɪnjə] n
Litauen
9) Moldova
['mɒldəvə] n
Moldawien
Great Britain
[ˌgreɪt 'brɪtn] n
Großbritannien
Denmark
['denmɑː(r)k] n
Dänemark
Ireland
['aɪələnd] n
Irland
Netherlands
['neðə(r)ləndz] n
Niederlande
Germany
['dʒɜːmənɪ] n
Deutschland
Poland
['pəʊlənd]
Polen
Belgium
['beldʒəm] n
Belgien
Czechia
['tʃekɪə] n
Tschechien
Austria
['ɒstrɪə] n
Österreich
France
[frɑːns] n
Frankreich
Switzerland
['swɪtsələnd] n
Schweiz
Croatia
[krəʊ'eɪʃə] n
Kroatien
Spain
[speɪn] n
Spanien
Italy
['ɪtəlɪ] n
Italien
Portugal
['pɔːtʃʊgl] n
Portugal

English
['ɪŋglɪʃ] *adj*
englisch

An **English** breakfast:
bacon, eggs and baked beans

Englisches Frühstück: Speck, Eier, Bohnen

French
[frentʃ] *adj*
französisch

A **French** breakfast:
coffee and a croissant

Französisches Frühstück: Kaffee, Croissant

German
['dʒɜːmən] *adj*
deutsch

A **German** breakfast:
coffee, bread rolls, butter and jam

Deutsches Frühstück: Kaffee, Brötchen, Butter, Marmelade

Spanish
['spænɪʃ] *adj*
spanisch

A **Spanish** breakfast:
churros and drinking chocolate

Spanisches Frühstück: Churros, Trinkschokolade

Norwegian [nɔː'wiːdʒn] *adj* norwegisch

Swedish ['swiːdɪʃ] *adj* schwedisch

Irish ['aɪərɪʃ] *adj* irisch

Dutch [dʌtʃ] *adj* holländisch

Belgian ['beldʒən] *adj* belgisch

Swiss [swɪs] *adj* schweizerisch

Italian [ɪ'tæliən] *adj* italienisch

Portuguese [ˌpɔːtʃʊ'giːz] *adj* portugiesisch

Greek [griːk] *adj* griechisch

Russian ['rʌʃn] *adj* russisch

Polish ['pəʊlɪʃ] *adj* polnisch

Czech [tʃek] *adj* tschechisch

VERKEHR

the traffic
['træfɪk] *n*
der Verkehr

The greatest danger in **traffic** is cars that go faster than their drivers can think.

Die größte Gefahr im Verkehr sind Autos, die schneller fahren, als ihr Fahrer denken kann.

the car
[kɑː] *n*
das Auto, der Wagen

What's the matter? You said you wanted a **car** for your 18th birthday.

Was denn? Du wolltest doch ein Auto zum 18. Geburtstag.

the motorbike
['məʊtəbaɪk] *n*
das Motorrad

When I heard you mention your **motorbike**, I was worried you might be a rocker.

Als ich „Motorrad" hörte, hatte ich schon Angst, du wärst ein Rocker.

the taxi
['tæksɪ] *n*
das Taxi

Taxi, señor? All you have to do is help give us a push-start.

Taxi, Señor? Sie müssten nur etwas schieben helfen.

the bicycle, the bike
['baɪsɪkl], [baɪk] *n*
das Fahrrad

When I come along on my **bike**, people jump out of my way.

Komm' ich mit meinem Fahrrad, springen die Leute zur Seite.

the route
[ruːt] *n*
die Strecke

The **route** along the river is longer but more scenic.

Die Strecke am Fluss entlang ist länger, dafür die schönere.

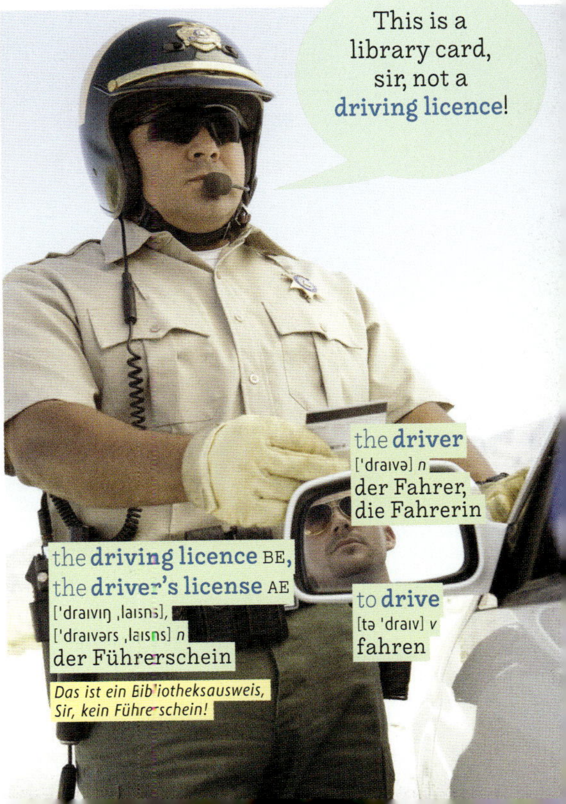

the driver
['draɪvə] *n*
der Fahrer, die Fahrerin

the driving licence BE,
the driver's license AE
['draɪvɪŋ ˌlaɪsns],
['draɪvərs ˌlaɪsns] *n*
der Führerschein

Das ist ein Bibliotheksausweis, Sir, kein Führerschein!

to drive
[tə 'draɪv] *v*
fahren

the **filling station**

['fɪlɪŋ ˌsteɪʃn] *n*

die Tankstelle

He doesn't sell much **petrol** at his **filling station**, but he has film crews queuing up.

Benzin verkauft er kaum an der Tankstelle, aber die Filmteams stehen Schlange.

the **petrol** BE, the **gas** AE

['petrəl], [gæs] *n*

das Benzin

the **diesel**

['di:zl] *n*

der Diesel

the **street**

[stri:t] *n*

die Straße

The **streets** are the arteries of the city – complete with the danger of a heart attack.

Die Straßen sind die Lebensadern der Stadt – mit Infarktrisiko.

the **road**

[rəʊd] *n*

die (Land)Straße

The trees along this **road** should be felled for safety reasons.

Aus Gründen der Sicherheit sollten die Bäume an dieser Straße gefällt werden.

to **turn around**, to **make a U-turn**

[tə ˌtɜ:n ə'raʊnd], [tə ˌmeɪk ə 'ju:tɜ:n] *v*

wenden

Who was it that insisted on **turning around**?

Wer wollte denn unbedingt wenden?

the **crossroads** BE, the **intersection** AE

['krɒsrəʊdz], ['ɪntərsekʃn] *n*

die Kreuzung

If the propeller packed in now, we would crash right into the middle of the **crossroads**.

Wenn der Propeller jetzt aussetzt, stürzen wir direkt auf die Kreuzung.

the **motorway** BE, the **interstate** AE

['məʊtəweɪ], ['ɪntərsteɪt] *n*

die Autobahn

The **motorway** is very rarely as lovely and empty as this.

So herrlich leer ist die Autobahn nur selten.

the **tyre** BE,
the **tire** AE
['taɪə], ['taɪr] *n*
der Reifen

Aren't you supposed to patch the **tyre** before you pump it up?

Muss man den Reifen vor dem Aufpumpen nicht erst flicken?

the **car park** BE,
the **parking lot** AE
['kɑː pɑːk], ['pɑːrkɪŋ ˌlɒt] *n*
der Parkplatz

There wasn't a single space in the whole **car park**.

Auf dem ganzen Parkplatz war kein einziger Platz mehr frei.

to **park**
[tə 'pɑːk] *v*
parken

the **traffic lights**
['træfɪk ˌlaɪts] *n*
die Ampel

I almost didn't see the **traffic lights**.

Fast hätte ich die Ampel übersehen.

to **stop**
[tə 'stɒp] *v*
(an)halten

to **use**
[tə 'juːz] *v*
verbrauchen

Daddy gave it to me as a present, I haven't a clue how much fuel it **uses**.

Daddy hat ihn mir geschenkt, keine Ahnung, was er verbraucht.

the **pavement** BE,
the **sidewalk** AE
['peɪvmənt], ['saɪdwɔːk] *n*
der Gehweg

You make even the dullest **pavement** look good when you walk along it with your graceful gait.

Dein holder Gang veredelt selbst den langweiligsten Gehweg.

the **bridge**
[brɪdʒ] *n*
die Brücke

It was actually quicker without the **bridge**.

Ohne die Brücke ging es tatsächlich schneller.

the **railway** BE, the **railroad** AE
['reɪlweɪ], ['reɪlrəʊd] *n*
die Eisenbahn

And that was how my dad's career on the **railways** began.

So begann die Karriere meines Vaters bei der Eisenbahn.

the **ticket**
['tɪkɪt] *n*
die Fahrkarte

His collection of old **tickets** is now worth a fortune.

Seine Sammlung alter Fahrkarten ist heute richtig was wert.

to **miss**
[tə 'mɪs] *v*
verpassen

Damn! I **missed** the train…and the next one isn't for three days.

Verdammt! Zug verpasst… der nächste fährt in drei Tagen.

the **timetable**
['taɪmteɪbl] *n*
der Fahrplan

What are you reading the **timetable** for? Haven't you got an app?

Du liest den Fahrplan? Hast du keine App?

the **arrival**
[ə'raɪvl] *n*
die Ankunft

This was exactly how I imagined my **arrival**.

Genau so habe ich mir meine Ankunft vorgestellt.

the **departure**
[dɪ'pɑːtʃə] *n*
die Abfahrt

The train's **departure** will be delayed by a few minutes.

Die Abfahrt des Zuges verzögert sich um wenige Minuten.

the station
['steɪʃn] *n*
der Bahnhof

Verehrte Fahrgäste. Wegen Umbauarbeiten wird dieser Bahnhof gesperrt. Der letzte Zug fährt von Gleis 13. Die Klimaanlage im Zug ist leider ausgefallen. Wir danken Ihnen für Ihr Verständnis.

This is a passenger announcement. This **station** will be closing for renovation. The last **train** will depart from **platform** 13. We regret to announce that the on-board air-conditioning is out of order. Thank you for your understanding.

the train
[treɪn] *n*
der Zug

the platform BE, **the track** AE
['plætfɔːm], [træk] *n*
der Bahnsteig, das Gleis

the seat
[siːt] *n*
der (Sitz)Platz

Come in, dear, there's a free **seat** now.

Komm rein, Liebling, es ist ein Platz frei geworden.

direct
[daɪ'rekt] *adj*
direkt, durchgehend

I have a **direct** connection to the seaside.

Ich habe eine direkte Verbindung bis ans Meer.

the connection
[kə'nekʃn] *n*
der Anschluss

to change trains
[tə ˌtʃeɪndʒ 'treɪnz] *v*
umsteigen

the compartment
[kəm'pɑːtmənt] *n*
das Abteil

the conductor
[kən'dʌktə] *n*
der Schaffner, die Schaffnerin

the **tram** BE,
the **streetcar** AE
[træm], ['stri:tkɑ:r] *n*
die Straßenbahn

In Hong Kong, they have double-decker **trams**.

In Hongkong sind die Straßenbahnen doppelstöckig.

the **(bus) stop**
[('bʌs) stɒp] *n*
die Haltestelle

Thank God this **bus stop** is weatherproof.

Wie gut, dass diese Haltestelle wetterfest ist.

the **bus**
[bʌs] *n*
der Bus

The air was much fresher on the roof of the **bus**.

Auf dem Dach des Busses war die Luft deutlich besser.

the **season ticket**
[ˌsi:zn 'tɪkɪt] *n*
die Zeitkarte

the **airline**
['eəlaɪn] *n*
die Fluggesellschaft

the **schedule**
['ʃedju:l] *n*
der Flugplan

the **underground** BE,
the **subway** AE
['ʌndəgraʊnd], ['sʌbweɪ] *n*
die U-Bahn

I'm really glad the **underground** doesn't always run underground.

Ich bin ganz froh, dass die U-Bahn nicht immer im Untergrund fährt.

the **airport**
['eəpɔːt] *n*
der Flughafen

There was an announcement saying you shouldn't leave your baggage unattended at the **airport**.

Am Flughafen darf man keinen Koffer rumstehen lassen, haben sie durchgesagt.

the **flight**
[flaɪt] *n*
der Flug

Typical! My **flight** is the only one that's delayed again.

Typisch! Nur mein Flug hat mal wieder Verspätung.

to **take off**
[tə ˌteɪk 'ɒf] *v*
starten

Their band **took off** like a rocket.

Ihre Band startete wie eine Rakete.

to **fly**
[tə 'flaɪ] *v*
fliegen

Aaron and Henry **flew** some death-defying loop-the-loops over the savannah.

Aaron und Henry flogen die kühnsten Loopings über der Savanne.

to **land**
[tə 'lænd] *v*
landen

Please don't start clapping until the plane **has** actually **landed**.

Bitte warten Sie mit dem Applaus, bis die Maschine gelandet ist.

the **plane**
[pleɪn] *n*
das Flugzeug

When he's on board the **plane**, there's nothing the pilot likes better than playing with all the little buttons.

Im Flugzeug spielt der Pilot am liebsten an den vielen Knöpfchen herum.

the ship
[ʃɪp] *n*
das Schiff

This **ship** is unsinkable.

Dieses Schiff ist unsinkbar.

to sink
[tə 'sɪŋk] *v*
sinken

the boat
[bəʊt] *n*
das Boot

His **boat** made him feel like he was in Miami Vice.

In seinem Boot fühlte er sich wie bei Miami Vice.

the port
[pɔːt] *n*
der Hafen

the ferry
['ferɪ] *n*
die Fähre

I don't trust the bridge, I think I'll take the **ferry** instead.

Der Brücke traue ich nicht, ich nehme lieber die Fähre.

to **crash**
[tə 'kræʃ] *v*
zusammenstoßen, abstürzen

You stupid idiot! We were a hair's breadth away from **crashing** there!

Du Riesenrindvieh! Wir wären um ein Haar zusammengestoßen!

to **survive**
[tə sə'vaɪv] *v*
überleben

Protective suits can definitely help you **survive**.

Schutzanzüge können durchaus beim Überleben helfen.

suddenly
['sʌdnlɪ] *adv*
plötzlich

Anton **suddenly** had a brilliant idea.

Anton hatte plötzlich eine super Idee.

the **crash**
[kræʃ] *n*
der Zusammenstoß

to **collide**
[tə kə'laɪd] *v*
zusammenstoßen, kollidieren

to **rescue**
[tə 'reskjuː] *v*
retten

the **accident**
['æksɪdənt] *n*
der Unfall

I didn't do it on purpose, it was an **accident**.

Das hab' ich nicht absichtlich gemacht, das war ein Unfall.

the animal
['ænɪml] *n*
das Tier

No Mia, we can't take them home – **animals** don't belong in the house!

Nein Mia, die können wir nicht mitnehmen – Tiere gehören nicht in die Wohnung!

the **cow**
[kaʊ] *n*
die Kuh

That **calf** is drinking up all my **cow's** milk!

Dieses Kalb säuft mir die ganze Milch meiner Kuh weg!

the **calf**
[kɑːf] *n*
das Kalb

the **pig**, the **hog**
[pɪg], [hɒg] *n*
das Schwein

Somestimes you should live life like a **pig**.

Im Leben muss man eben manchmal ein Schwein sein.

the **horse**
[hɔːs] *n*
das Pferd

I bet on the wrong **horse** again today.

Ich hab' heute wieder aufs falsche Pferd gesetzt.

the **dog**
[dɒg] *n*
der Hund

My **dog** comes running as soon as I open the tin.

Mein Hund kommt sofort, wenn ich die Dose öffne.

the **goat**
[gəʊt] *n*
die Ziege

Goats that climb up trees? Pull the other one!

Ziegen, die auf Bäume klettern? Glaub' ich nicht!

the **sheep**
[ʃiːp] *n*
das Schaf

The **sheep** stared at me angrily when I got my camera out.

Die Schafe starrten mich böse an, als ich die Kamera zückte.

the **wool**
[wʊl] *n*
die Wolle

There was enough **wool** left over to make a lovely little hat. Thank you so much, Mummy!

Die Wolle hat auch noch für ein prima Mützchen gereicht. Danke Mami!

the **mouse**
[maʊs] *n*
die Maus

the **cat**
[kæt] *n*
die Katze

The **mouse** still feels safe, but the **cat** has all the time in the world …

Noch fühlt sich die Maus sicher, aber die Katze hat alle Zeit der Welt …

the **bird**
[bɜːd] *n*
der Vogel

Birds' feet don't freeze as quickly as people's.

Vögel frieren nicht so schnell an den Füßen wie Menschen.

the **fish**
[fɪʃ] *n*
der Fisch

I prefer the **fish** in my sushi to be well fried.

Den Fisch von meinem Sushi mag ich am liebsten gut durchgebraten.

the **chicken**
[ˈtʃɪkɪn] *n*
das Huhn

Mummy, do all **chickens** have to go to Kentucky?

Sag mal, Mama, müssen alle Hühner nach Kentucky?

the **grass**
[ɡrɑːs] *n*
das Gras

I can feel the **grass** under my feet again – it's summer at last!

Das Gras unter den Füßen spüren – endlich ist Sommer!

the **rose**
[rəʊz] *n*
die Rose

We pinched the number with the **rose** from a film.

Die Nummer mit der Rose haben wir aus einem Film geklaut.

the **flower**
[ˈflaʊə] *n*
die Blume

The **flower** business is flourishing.

Das Geschäft mit Blumen floriert.

the leaf
[liːf] *n*
das Blatt

the tree
[triː] *n*
der Baum

I used to climb up this **tree** when I was a girl. But we were both a lot smaller back then.

Auf diesen Baum bin ich schon als Mädchen geklettert. Aber da waren wir beide noch kleiner.

the branch
[brɑːntʃ] *n*
der Zweig, der Ast

the wood
[wʊd] *n*
das Holz

We built a treehouse out of **wood** in the middle of the forest.

Mitten im Wald bauten wir ein Baumhaus aus Holz.

the cotton
[ˈkɒtn] *n*
die Baumwolle

There should be enough **cotton** for a couple of T-shirts.

Die Baumwolle dürfte für ein paar T-Shirts reichen.

the grain
[greɪn] *n*
das Getreide

The Germans make their bread from all sorts of different **grains**.

Die Deutschen backen aus den verschiedensten Arten von Getreide ihr Brot.

to grow
[tə ˈgrəʊ] *v*
wachsen

the plant
[plɑːnt] *n*
die Pflanze

I've hardly sold any balloons since the **plants** started **growing** here.

Seit hier Pflanzen wachsen, verkaufe ich kaum mehr Luftballons.

the **landscape**
['lændskeɪp] *n*
die Landschaft

If we move the dam to the north, some of the **landscape** will still be left unspoilt.

Wenn wir den Staudamm nach Norden verlegen, bleibt noch ein bisschen Landschaft übrig.

the **environment**
[ɪnˈvaɪrənmənt] *n*
die Umwelt

The further removed people are from the **environment**, the less they are interested in it.

Die Umwelt interessiert umso weniger, je weiter man weg ist.

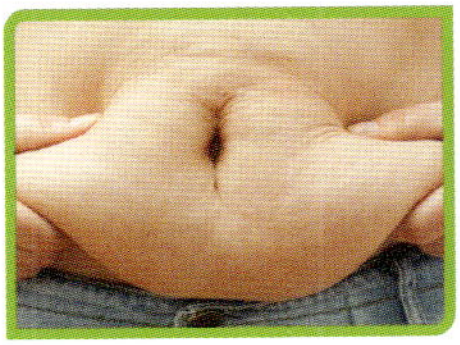

the **area**
[ˈeərɪə] *n*
das Gebiet, die Zone

My real problem **area** is my mouth.

Meine wirkliche Problemzone ist mein Mund.

the **region**
[ˈriːdʒən] *n*
die Region

I always try all the **region's** specialities.

Ich probiere immer alle Spezialitäten der Region.

regional
[ˈriːdʒnəl] *adj*
regional

We like to bring some **regional** colour to our walks in the woods.

Wir haben gern etwas regionales Kolorit beim Waldspaziergang.

the **continent**
[ˈkɒntɪnənt] *n*
der Kontinent

After the Vikings, Columbus also discovered the **continent**.

Nach den Wikingern entdeckte auch Kolumbus den Kontinent.

the **land**,
the **country**
[lænd], [ˈkʌntrɪ] *n*
das Land

Life in the **country** is hard.

Das Leben ist hart auf dem Land.

the **ground**
[graʊnd] *n*
der Grund, der Boden

The second the plane touches the **ground**, Mr Important is already on his phone.

Kaum berührt das Flugzeug den Boden, schon hängt Mr. Wichtig am Telefon.

the **soil**
[sɔɪl] *n*
der Boden, der Erdboden

Do you think my gummi bear tree will grow in this **soil**?

Glaubst du, mein Gummibärchenbaum wächst auf diesem Boden?

the **iron**

['aɪən] *n*

das Eisen

You need 7,300 tonnes of **iron**? What a coincidence, we just happen to have that much standing around here...

Sie brauchen 7300 Tonnen Eisen? So ein Zufall, die haben wir hier rumstehen ...

the **gas**

[gæs] *n*

das Gas

False alarm – it wasn't **gas**, it was Lisa's onion soup.

Falscher Alarm: Es war kein Gas, sondern Lisas Zwiebelsuppe.

the **oil**

[ɔɪl] *n*

das (Erd)Öl

What? You're just burning all that lovely **oil**?

Wie, ihr verbrennt das ganze schöne Erdöl einfach?

the **metal**

['metl] *n*

das Metall

Metal changes its shape at high pressures.

Metall verändert seine Form unter hohem Druck.

the **gold**

[gəʊld] *n*

das Gold

What do you think of my new **gold** tooth?

Wie findste meinen neuen Goldzahn?

the **silver**

['sɪlvə] *n*

das Silber

Originally, this set of **silver** cutlery had 96 pieces.

Ursprünglich hatte das Silberbesteck mal 96 Teile.

the **earthquake**
['ɜːθkweɪk] *n*
das Erdbeben

No, not a whacky architect, just an **earthquake**.

Nein, kein durchgeknallter Architekt, nur ein Erdbeben.

the **desert**
['dezət] *n*
die Wüste

How wonderful, a swimming pool in the middle of the **desert**!

Ein Pool mitten in der Wüste – herrlich!

the **mountain**
['maʊntɪn] *n*
der Berg

The **mountain** is calling, but I'm not listening.

Der Berg ruft, aber ich hör' weg.

the **peak**
[piːk] *n*
der Gipfel

the **forest**
['fɒrəst] *n*
der Wald

the **river**
['rɪvə] *n*
der Fluss

the **path**
[pɑːθ] *n*
der Weg

You and your shortcuts. This **path** doesn't go anywhere!

Du immer mit deinen Abkürzungen. Dieser Weg führt ins Nichts!

the **hill**
[hɪl] *n*
der Hügel

I'd like to grow old in this house on the **hill**.

In diesem Haus auf dem Hügel möchte ich alt werden.

the **lake**
[leɪk] *n*
der See

As the moose comes out of the **lake**, I wait for him on the **bank**.

Der Elch steigt aus dem See, und ich erwarte ihn am Ufer.

the **bank**
[bæŋk] *n*
das Ufer

the **coast**
[kəʊst] *n*
die Küste

The holiday home was on the **coast**, but nowhere near a beach.

Das Ferienhaus an der Küste hatte überhaupt keinen Strand.

the **island**
['aɪlənd] *n*
die Insel

Hey ladies, I've rented the **island** out for the whole week.

Hey Mädels, ich hab' die Insel die ganze Woche gemietet.

the **beach**
[biːtʃ] *n*
der Strand

By the time we got to the **beach**, it was standing room only.

Als wir zum Strand kamen, gab es nur noch Stehplätze.

the **water**
['wɔːtə] *n*
das Wasser

Don't you think it's time you tried it out on the **water**?

Willst du es nicht doch mal im Wasser probieren?

the **ocean**
['əʊʃn] *n*
der Ozean

the **Mediterranean (Sea)**
[medɪtəˌreɪnɪən ('siː)] *n*
das Mittelmeer

the **Pacific (Ocean)**
[pəˈsɪfɪk ('əʊʃn)] *n*
der Pazifik

the **Atlantic (Ocean)**
[ətˌlæntɪk ('əʊʃn)] *n*
der Atlantik

the **Indian Ocean**
['ɪndɪən 'əʊʃn] *n*
der Indische Ozean

the **wave**
[weɪv] *n*
die Welle

We just need to get through this one last **wave**, then we'll have made it.

Wir müssen noch durch diese Welle, dann haben wir es geschafft.

the **sea**
[siː] *n*
das Meer

No traffic hold-ups on my way through the **sea** to the turtle convention.

Ohne Stau durchs Meer auf dem Weg zum Schildkrötentreffen.

the **weather**
['weðə] *n*
das Wetter

There's no such thing as bad **weather**, just the wrong clothes.

Es gibt kein schlechtes Wetter, nur falsche Kleidung.

the **climate**
['klaɪmɪt] *n*
das Klima

The **climate** is changing, my child.

Das Klima verändert sich, mein Kind.

the **temperature**
['temprətʃə] *n*
die Temperatur

If the **temperature** is right, I can cut glass with a pair of scissors.

Bei der richtigen Temperatur schneide ich Glas mit der Schere.

sunny
['sʌnɪ] *adj*
sonnig

I prefer alcohol-free drinks on **sunny** days.

An sonnigen Tagen bevorzuge ich alkoholfreie Drinks.

normal
['nɔ:ml] *adj*
normal, üblich

Nowadays, it's almost **normal** for it to snow at Easter.

Schnee zu Ostern ist schon fast normal geworden.

cool
[ku:l] *adj*
kühl

Keeping your flat **cool** means heating up the environment.

Wer die Wohnung kühl haben will, muss die Umwelt heizen.

hot
[hɒt] *adj*
heiß

cold
[kəʊld] *adj*
kalt

warm
[wɔ:m] *adj*
warm

the **cloud**
[klaʊd] *n*
die Wolke

The powerful engine was all well and good, but the most important thing for him was the cool dust **cloud**.

Hubraum schön und gut, aber das Wichtigste war ihm die schicke Wolke.

the **heat**
[hi:t] *n*
die Hitze

the **warmth**
[wɔ:mθ] *n*
die Wärme

the **cold**
[kəʊld] *n*
die Kälte

cloudy
['klaʊdɪ] *adj*
bewölkt

dry
[draɪ] *adj*
trocken

The only way to get it properly **dry** is by hand.

Richtig trocken wird es nur von Hand.

to **blow**
[bləʊ] *v*
wehen, blasen

My hairdresser's always happy when the **wind blows** so strongly.

Wenn der Wind so heftig weht, freut sich mein Friseur.

the **wind**
[wɪnd] *n*
der Wind

wet
[wet] *adj*
nass

I don't care if I get **wet**, I'm staying here till Don Silvio needs me.

Auch wenn ich nass werde, ich bleibe hier, bis Don Silvio mich braucht.

the **storm**
[stɔːm] *n*
der Sturm

Call this a **storm**? It's no more than a gentle breeze, you wimps!

Ihr Memmen, dieses laue Lüftchen nennt ihr einen Sturm?

the **rain**
[reɪn] *n*
der Regen

I always have a great time in the **rain** – unlike my parents.

Im Regen habe ich am meisten Spaß – meine Eltern weniger.

the **lightning**
['laɪtnɪŋ] *n*
der Blitz

Lightning doesn't even spare churches.

Blitze machen auch vor Kirchen nicht Halt.

the **thunderstorm**
['θʌndəstɔːm] *n*
das Gewitter

the **fog**
[fɒg] *n*
der Nebel

Fortunately, the **fog** has completely covered over the industrial estate.

Der Nebel hat das Industriegebiet gnädig zugedeckt.

to **snow**
[tə 'snəʊ] *v*
schneien

Only children are happy when it **snows**.

Nur Kinder freuen sich, wenn es schneit.

the **fire**
['faɪə] *n*
das Feuer

My entire comic collection also **burned** in the **fire**.

Im Feuer verbrannte auch meine ganze Comicsammlung.

to **burn**
[tə 'bɜːn] *v*
brennen, verbrennen

the **ice**
[aɪs] *n*
das Eis

We'd better stay inside, the balcony's covered in **ice**.

Bleiben wir lieber drin, der Balkon ist voll Eis.

the **flood**
[flʌd] *n*
die Überschwemmung

Would you still call this a puddle, or does it count as a **flood** now?

Ist das noch eine Pfütze oder schon eine Überschwemmung?

foggy
['fɒgɪ] *adj*
neblig

the **snow**
[snəʊ] *n*
der Schnee

to **rain**
[tə 'reɪn] *v*
regnen

the universe
[ˌjuːnɪˈvɜːs] *n*
das All,
das Universum

Two things are infinite, the **universe** and human stupidity…

Zwei Dinge sind unendlich, das Universum und die menschliche Dummheit…

space
[speɪs] *n*
der Weltraum

the **sky**
[skaɪ] *n*
der Himmel

Planes belong in the **sky**, not on the beach.

Flugzeuge gehören in den Himmel, nicht an den Strand.

the **moon**
[muːn] *n*
der Mond

the **earth**
[ɜːθ] *n*
die Erde

It takes light just under 1.5 seconds to travel from the **earth** to the **moon**.

Von der Erde zum Mond braucht das Licht knapp 1,5 Sekunden.

the **sun**
[sʌn] *n*
die Sonne

Sometimes the **sun** seems to have a real sense of drama.

Die Sonne hat manchmal einen besonderen Sinn für Dramatik.

the **air**
[eə] *n*
die Luft

What a funny creature, it carries its **air** on its back.

Seltsames Tier: Es trägt seine Luft auf dem Rücken.

the **star**
[stɑː] *n*
der Stern

Every true star has their own **star** here.

Für jeden echten Star gibt es hier einen Stern.

the **astronaut**
[ˈæstrənɔːt] *n*
der Astronaut, die Astronautin

Not every **astronaut** is called Major Tom.

Nicht jeder Astronaut heißt Major Tom.

the **satellite**
[ˈsætəlaɪt] *n*
der Satellit

The **satellite's** death ray was aimed at Bad Aibling.

Der Todesstrahl des Satelliten richtete sich auf Bad Aibling.

RAUM & ZEIT

the **time**
[taɪm] *n*
die Zeit

You only see an eclipse of the sun for a short **time**.

Eine Sonnenfinsternis sieht man nur für kurze Zeit.

the year
[jɪə] *n*
das Jahr

They say that great men are born in the **year** of the dragon.

Im Jahr des Drachen, heißt es, werden große Männer geboren.

January
['dʒænjʊərɪ] *n*
der Januar

February
['februərɪ] *n*
der Februar

March
[mɑːtʃ] *n*
der März

April
['eɪprəl] *n*
der April

May
[meɪ] *n*
der Mai

June
[dʒuːn] *n*
der Juni

July
[dʒʊ'laɪ] *n*
der Juli

August
['ɔːgəst] *n*
der August

September
[sep'tembə] *n*
der September

October
[ɒk'təʊbə] *n*
der Oktober

November
[nəʊ'vembə] *n*
der November

December
[dɪ'sembə] *n*
der Dezember

the spring
[sprɪŋ] *n*
der Frühling

the summer
['sʌmə] *n*
der Sommer

the autumn
['ɔːtəm] *n*
der Herbst

the winter
['wɪntə] *n*
der Winter

the season
['siːzn] *n*
die Jahreszeit,
die Saison

The skiing **season** is the busiest time of year for doctors.

In der Ski-Saison haben die Ärzte Hochkonjunktur.

the month
[mʌnθ] *n*
der Monat

For many people, the **month** of August is synonymous with holidays.

Der Monat August ist für viele gleichbedeutend mit Ferien.

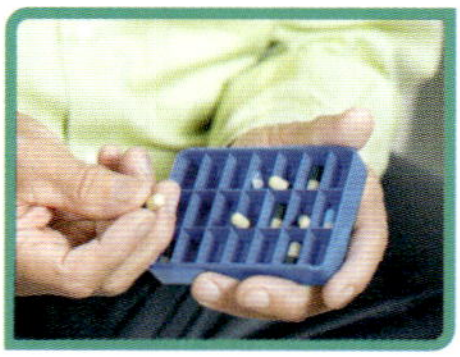

the week
[wiːk] *n*
die Woche

Heinz is sorting out his meds for the **week**.

Heinz richtet seine Medikamente für die Woche her.

Adverbiale Phrasen wie „montags, dienstags" usw. heißen *on Mondays*, *on Tuesdays* usw.

the weekend
[ˌwiːkˈend] *n*
das Wochenende

I finally saw Manu again at the **weekend**.

Am Wochenende habe ich Manu endlich wiedergesehen.

the working day
[ˌwɜːkɪŋ ˈdeɪ] *n*
der Werktag

The day we signed the contract wasn't just any old **working day**.

Die Vertragsunterzeichnung war kein Werktag wie jeder andere.

Monday
[ˈmʌndeɪ] *n*
der Montag

Tuesday
[ˈtjuːzdeɪ] *n*
der Dienstag

Wednesday
[ˈwenzdeɪ] *n*
der Mittwoch

Thursday
[ˈθɜːzdeɪ] *n*
der Donnerstag

Friday
[ˈfraɪdeɪ] *n*
der Freitag

Saturday
[ˈsætədeɪ] *n*
der Samstag

Sunday
[ˈsʌndeɪ] *n*
der Sonntag

Christmas Eve

[ˌkrɪsməs ˈiːv] *n*

Heiligabend

No Sophie, the baubles have to stay on till **Christmas Eve** is over.

Nein Sophie, die Kugeln bleiben bis nach Heiligabend dran.

Christmas

[ˈkrɪsməs] *n*

Weihnachten

This year we're having **Christmas** on the beach.

Dieses Jahr verbringen wir Weihnachten am Strand.

New Year's Day

[ˌnjuː jɪəz ˈdeɪ] *n*

der Neujahrstag

It was only **New Year's Day** and all the resolutions had already been forgotten.

Schon am Neujahrstag waren alle guten Vorsätze vergessen.

New Years Eve

[ˌnjuː jɪəz ˈiːv] *n*

Silvester

I simply can't imagine **New Year's Eve** without the fireworks.

Ohne Feuerwerk kann ich mir Silvester gar nicht vorstellen.

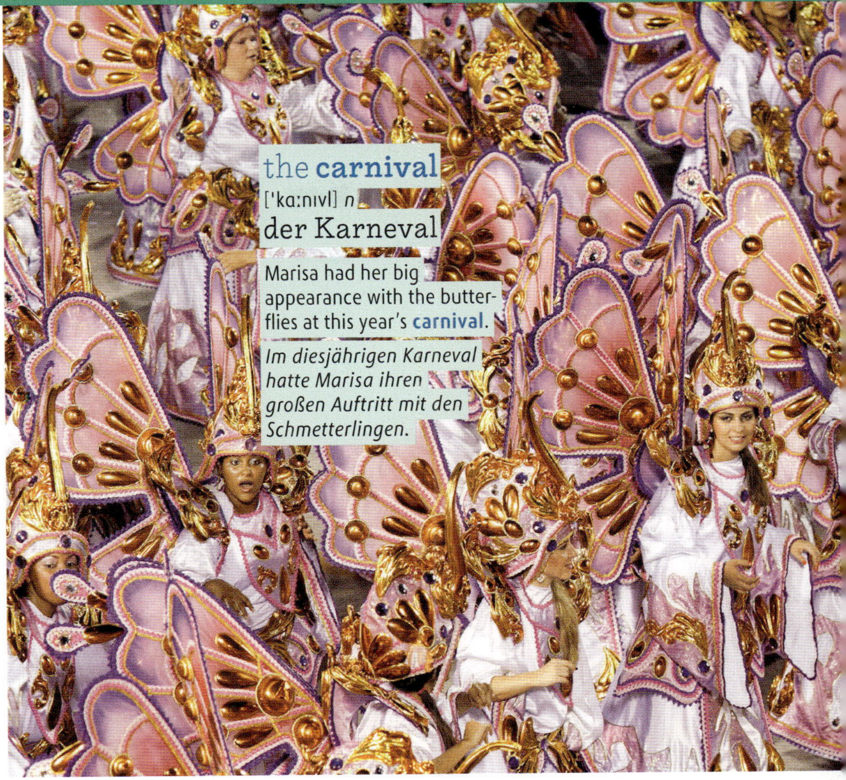

the carnival

['kɑːnɪvl] *n*

der Karneval

Marisa had her big appearance with the butterflies at this year's **carnival**.

Im diesjährigen Karneval hatte Marisa ihren großen Auftritt mit den Schmetterlingen.

Good Friday

[ˌgʊd 'fraɪdeɪ] *n*

der Karfreitag

On **Good Friday** there are processions all over the world.

Am Karfreitag gibt es überall auf der Welt Prozessionen.

Easter

['iːstə] *n*

Ostern

Do you really believe that a bunny brings the eggs at **Easter**?

Glaubst du wirklich, dass zu Ostern ein Hase die Eier bringt?

Whitsun

['wɪtsn] *n*

Pfingsten

The Holy Ghost descends at **Whitsun**.

An Pfingsten kommt der Heilige Geist herab.

the day
[deɪ] *n*
der Tag

This was the **day** Oskar learned to ride a bike.

Das war der Tag, als Oskar Fahrrad fahren gelernt hat.

daily
['deɪlɪ] *adj*
täglich

Our **daily** trip to school on the mainland was great fun.

Unsere tägliche Fahrt aufs Festland in die Schule war echt lustig.

midnight
['mɪdnaɪt] *n*
die Mitternacht

The ghost of the dead stepdaughter appeared at **midnight**.

Um Mitternacht erschien der Geist der toten Stieftochter.

the **afternoon**
[ˌɑːftəˈnuːn] *n*
der Nachmittag

I generally spend my **afternoons** on the golf course.

Meine Nachmittage verbringe ich meist auf dem Golfplatz.

the **morning**
['mɔːnɪŋ] *n*
der Morgen

the **noon**
[nuːn] *n*
der Mittag

the **evening**
['iːvnɪŋ] *n*
der Abend

the **night**
[naɪt] *n*
die Nacht

tonight
[tə'naɪt] *adv*
heute Abend, heute Nacht

last night
[ˌlɑːst 'naɪt] *adv*
gestern Abend, gestern Nacht

the **dawn**
[dɔːn] *n*
die Morgendämmerung

a.m.
[ˌeɪˈem] *adv*
morgens, vormittags

School always starts at 8 **a.m.**

Die Schule beginnt immer um 8 Uhr morgens.

the **second**
[ˈsekənd] *n*
die Sekunde

There are still two **seconds** to go until twelve o'clock.

Es sind noch zwei Sekunden bis zwölf.

p.m.
[ˌpiːˈem] *adv*
nachmittags, abends

We only finish school at 3.30 **p.m.** today.

Die Schule endet heute erst um halb vier nachmittags.

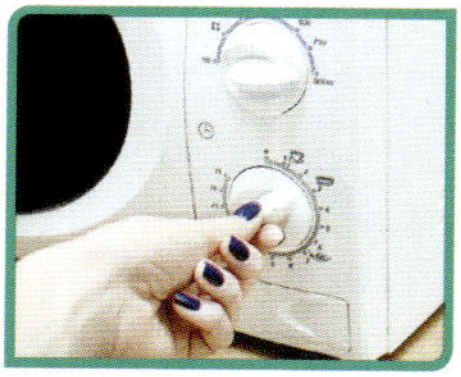

the **minute**
[ˈmɪnɪt] *n*
die Minute

Frozen spinach takes eight **minutes** in my microwave.

Tiefkühlspinat braucht acht Minuten in meiner Mikrowelle.

the **hour**
[ˈaʊə] *n*
die Stunde

Operas like these can go on for **hours**. Hours and hours…

So eine Oper kann viele Stunden dauern. Sehr viele Stunden …

at
[æt] *prep*
um

The streets are still full of life **at** one o'clock in the morning.

Um ein Uhr nachts ist auf den Straßen noch was los.

o'clock
[əˈklɒk] *adv*
Uhr

Leo secretly reads "Huckleberry Finn" until two **o'clock** in the morning.

Bis zwei Uhr nachts liest Leo heimlich „Huckleberry Finn".

seven minutes to six
[ˌsevn ˈmɪnɪts tu ˈsɪks] *phrase*
sieben Minuten vor sechs

a quarter to nine
[ə ˌkwɔːtə tu ˈnaɪn] *phrase*
Viertel vor neun

three o'clock sharp
[θriː əˌklɒk ˈʃɑːp] *phrase*
Punkt drei Uhr

four minutes past seven
[fɔː ˈmɪnɪts pɑːst ˈsevn] *phrase*
vier Minuten nach sieben

half past nine
[ˌhɑːf pɑːst ˈnaɪn] *phrase*
halb zehn

What time is it?
[ˌwɒt ˈtaɪm ˌɪzɪt] *phrase*
Wie spät ist es?

I have no idea **what time it is**.

Ich habe keine Ahnung, wie spät es ist.

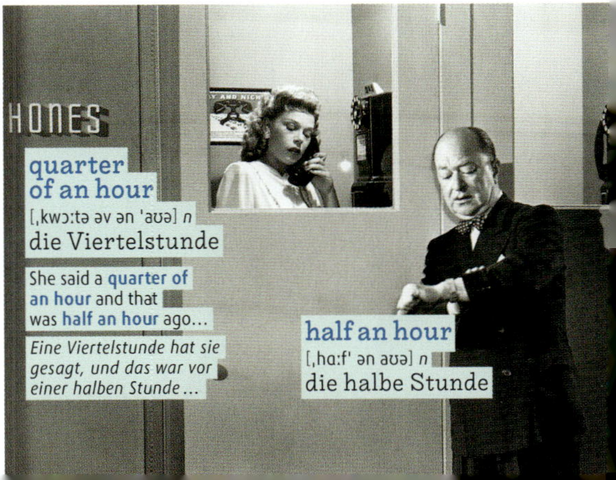

quarter of an hour
[ˌkwɔːtə əv ən ˈaʊə] *n*
die Viertelstunde

She said a **quarter of an hour** and that was **half an hour** ago…

Eine Viertelstunde hat sie gesagt, und das war vor einer halben Stunde…

half an hour
[ˌhɑːfˈ ən aʊə] *n*
die halbe Stunde

today
[tə'deɪ] *adv*
heute

Today I'm going to catch the perfect wave.

Heute erwische ich die perfekte Welle.

yesterday
['jestədeɪ] *adv*
gestern

If only I'd changed the water **yesterday**.

Hätte ich gestern nur das Wasser gewechselt.

tomorrow
[tə'mɒrəʊ] *adv*
morgen

The flower should be completely open **tomorrow**.

Morgen müsste die Blüte ganz aufgegangen sein.

during
'djʊərɪŋ] *prep*
während

Tom juggles five balls **during** his monocycle act.

Während seiner Einradnummer jongliert Tom mit fünf Bällen.

now
[naʊ] *adv*
jetzt

He's finally gone to sleep **now**.

Jetzt ist er schließlich eingeschlafen.

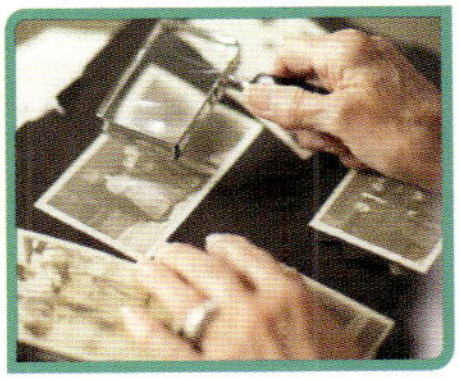

ago
[ə'gəʊ] *adv*
vor

This was 85 years **ago**, when my grandparents got married.

Das war vor 85 Jahren, als meine Großeltern heirateten.

the **date**
[deɪt] *n*
das Datum

Erik's watch even shows the right **date**.

Eriks Uhr zeigt sogar das richtige Datum an.

the **moment**
['məʊmənt] *n*
der Moment

She waited for exactly the right **moment**.

Sie passte genau den richtigen Moment ab.

when
[wen] *adv*
wann

When was Dad supposed to be picking me up?

Wann wollte Papa mich abholen?

first
[,fɜːrst] *adj, adv*
erster, zuerst, als Erstes

then
[ðen] *adv*
danach, dann

last
[,lɑːst] *adj, adv*
letzter, als Letztes

early
['ɜːlɪ] *adv*
früh

If I get there **early** enough, I have the whole lake to myself.

Wenn ich früh genug da bin, habe ich den See ganz für mich.

late
[leɪt] *adv*
spät

The city starts to glow **late** in the evening.

Spät am Abend beginnt die Stadt zu leuchten.

in time
[ɪn 'taɪm] *adv*
rechtzeitig

Luckily, the ring was delivered **in time**.

Zum Glück ist der Ring noch rechtzeitig geliefert worden.

suddenly
['sʌdnlɪ] *adv*
plötzlich

Suddenly there was a bang and an avalanche came racing towards us.

Plötzlich knallte es, und eine Lawine raste auf uns zu.

immediately, at once
[ɪ'miːdɪətlɪ], [ət 'wʌns] *adv*
sofort

The emergency doctor came **at once**.

Der Notarzt war sofort da.

to **begin**, to **start**

[tə bɪ'gɪn], [tə 'stɑːt] *v*

beginnen, anfangen

Well, the holidays **are starting** well…

Die Ferien fangen ja gut an …

to **end**

[tə end] *v*

(be)enden

The western **ended** in the usual manner.

Der Western endete wie üblich.

soon

[suːn] *adv*

bald

It'll **soon** be here and then we can forget about going out in the evenings.

Bald ist es soweit, und dann ist es vorbei mit abends Weggehen.

before

[bɪ'fɔː] *prep*

bevor, vor

Kindly take your boots off **before** you come in.

Zieh gefälligst deine Stiefel aus, bevor du reinkommst.

after

[ˌɑːftə'] *prep*

nach

Everyone has to clear their own plate away **after** dinner or there won't be any dessert.

Nach dem Essen räumt jeder seinen Teller ab, sonst gibt es keinen Nachtisch.

to **stop**

[tə 'stɒp] *v*

anhalten, aufhören

Quick, **stop** the machine!

Schnell, halt die Maschine an!

since
[sɪns] *prep*
seit

Ever **since** the Stone Age, man has been trying to increase his learning.

Seit der Steinzeit versucht der Mensch, sich weiterzubilden.

Das deutsche „seit" wird durch for ausgedrückt, wenn es sich auf einen Zeitraum bezieht (for a month) und durch since, wenn es sich um einen Zeitpunkt, der in der Regel der Anfangspunkt ist, handelt (since Monday).

for
[fɔː] *prep*
lang, seit

Manfred and Erika have been living in sin **for** 50 years.

Manfred und Erika leben seit 50 Jahren in wilder Ehe.

until
[ʌn'tɪl], [tɪl] *prep*
bis

Even if there's no train in sight, we still have to wait **until** the barrier goes up.

Auch wenn kein Zug zu sehen ist: Wir müssen warten, bis die Schranke hoch geht.

already
[ɔːl'redɪ] *adv*
schon

Do I really look so old **already**?

Sehe ich wirklich schon so alt aus?

to **take**, to **last**
[tə 'teɪk], [tə'lɑːst] *v*
dauern

He's got the newspaper in there – this could **take** a while.

Er hat die Zeitung dabei – das wird dauern.

often
['ɒfn] *adv*
oft, häufig

You can get wet feet in Venice pretty **often**.

Nasse Füße kann man sich in Venedig relativ oft holen.

usually
['juːʒʊəlɪ] *adv*
meistens, normalerweise, gewöhnlich

My mum **usually** takes me out when I give her this look.

Wenn ich so schaue, geht Frauchen meistens mit mir raus.

never
['nevə(r)] *adv*
nie, niemals

Nie kannst du warten, bis alle da sind!

always
['ɔːlweɪz] *adv*
immer

Immer hast du was zu meckern.

sometimes
['sʌmtaɪmz] *adv*
manchmal

Sometimes, Dolly is the only one who understands my poems.

Manchmal ist Dolly die Einzige, die meine Gedichte versteht.

still
[stɪl] *adv*
noch

Please don't lock up yet, I'm **still** in the office.

Bitte noch nicht abschließen, ich bin noch im Büro.

not yet
[ˌnɒt 'jet] *adv*
noch nicht

seldom
['seldəm] *adv*
selten

ever
['evə] *adv*
jemals, schon einmal

forever
[fə'revə] *adv*
(für) immer

the **place**
[pleɪs] *n*
der Ort, der Platz

I wanted to keep this **place** secret, but the tourist party followed me.

Ich wollte diesen Ort geheim halten, aber die Reisegruppe war mir gefolgt.

the town, the city
[taʊn], ['sɪtɪ] *n*
die Stadt

In the **city**, people need to get along in very close proximity to each other…

In der Stadt müssen Menschen auf engstem Raum miteinander auskommen …

the village
['vɪlɪdʒ] *n*
das Dorf

…there is more space in a **village**, but that doesn't make getting along any easier.

… im Dorf hat man mehr Platz, aber miteinander auskommen ist deshalb nicht leichter.

the square
[skweə] *n*
der Platz

What this **square** needs is an imposing statue of a man on horseback!

Auf diesen Platz gehört ein eindrucksvolles Reiterstandbild!

the quarter
['kwɔːtə] *n*
das Viertel

Some people refer to this part of town as the kitsch **quarter**.

Manche nennen diesen Stadtteil das Kitschviertel.

the park
[pɑːk] *n*
der Park

The **park** can be really nice during the day.

Tagsüber kann der Park wirklich schön sein.

the cemetery
['semətrɪ] *n*
der Friedhof

I wouldn't like to be buried in this **cemetery**!

Auf diesem Friedhof möchte ich nicht begraben sein!

to
[tuː] *prep*
nach

The ICE train **to** Hamburg is running on time today, for once.

Der ICE nach Hamburg ist heute ausnahmsweise pünktlich.

there
[ðeə] *adv*
dort, dahin, dorthin

Ich glaub', dort oben kreist ein Geier.

where
[weə] *adv*
wo, wohin

Wo denn?

on
[ɒn] *prep*
auf, an

Her favourite place to lie is **on** top of the two boys.

Da liegt sie am liebsten: oben auf den beiden Jungs.

behind
[bɪˈhaɪnd] *prep*
hinter

Hey, stop hiding **behind** the umbrella!

Hey, versteck dich nicht hinter dem Schirm!

the **direction**
[dɪˈrekʃn] *n*
die Richtung

Everyone chooses their own **direction**.

Jeder entscheidet selbst, in welche Richtung er geht.

above
[ə'bʌv] *prep*
oben, über, oberhalb

A strange light shone down from **above**.
Ein eigenartiges Licht fiel von oben herein.

over
['əʊvə] *prep*
über

My Champion can hop **over** any obstacle.
Mein Champion hüpft über jedes Hindernis.

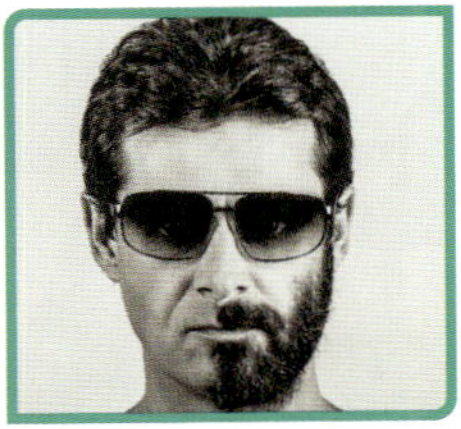

the **side**
[saɪd] *n*
die Seite

Which **side** do you like best?
Welche Seite gefällt dir besser?

up
[ʌp] *adv*
nach oben, hoch, hinauf

down
['daʊn] *adv*
hinunter, herunter

left
[left] *adj*
links

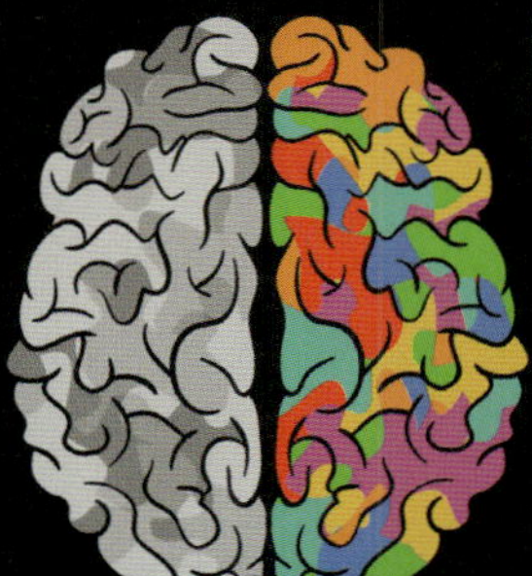

right
[raɪt] *adj*
rechts

here
[hɪə] *adv*
hier, hierher

in front of
[ɪn 'frʌnt əv] *prep*
vor

upstairs
[ˌʌp'steəz] *adv*
oben

downstairs
[ˌdaʊn'steəz] *adv*
unten

in
[ɪn] *prep*
in

I got the fright of my life when I looked **in** the box.

Ich erschrak fast zu Tode, als ich in die Kiste sah.

around
[ə'raʊnd] *prep*
um (herum)

Luckily, the snake is winding itself **around** the branch rather than my neck.

Zum Glück wickelt sich die Schlange um den Ast und nicht um meinen Hals.

through
[θruː] *adv*
durch, hindurch

Just go **through** and you'll be amazed at what you see!

Geht nur hindurch, und ihr werdet Augen machen!

under, below
['ʌndə], [bɪ'ləʊ] *prep*
unter

Ms Müller, what are you doing **under** the table?

Frau Müller, was machen Sie denn da unter dem Tisch?

next to, by
['nekst tə], [baɪ] *prep*
neben

Luke is sitting **next to** Bob, Bob **next to** Warren and Warren…

Luke sitzt neben Bob, und Bob neben Warren, und Warren…

outside
[aʊt'saɪd] *adv*
draußen

inside
[ɪn'saɪd] *adv*
drinnen

It was no warmer **inside** than **outside**.

Drinnen war es auch nicht wärmer als draußen.

high
[haɪ] *adj*
hoch

I still want to make it up that **high** peak over there today.

Zu diesem hohen Gipfel dort will ich heute auch noch.

low
[ləʊ] *adj*
niedrig, tief

Those houses are really **low**!

Da stehen aber niedrige Häuser!

for
[fɔː] *prep*
nach, in Richtung

from
[frɒm] *prep*
aus, von

at
[ət] *prep*
an, in

When it comes to throwing sticks, there's no difference **between** the two of them.

between
[bɪ'twiːn] *prep*
zwischen

Beim Stöckchenwerfen gibt es zwischen den beiden keinen Unterschied.

the colour BE,
the color AE
['kʌlə], ['kʌlər] *n*
die Farbe

The Indian Holi festival really brings **colour** into our lives!

Das indische Holi-Fest bringt echt Farbe in unser Leben!

the **shape**
[ʃeɪp] *n*
die Form

round
[raʊnd] *adj*
rund

the **line**
[laɪn] *n*
die Linie

the **triangle**
['traɪæŋgl] *n*
das Dreieck

the **square**
['skweə] *n*
das Quadrat

the **circle**
['sɜːkl] *n*
der Kreis

the **rectangle**
['rektæŋgl] *n*
das Rechteck

white
[waɪt] *adj*
weiß

black
[blæk] *adj*
schwarz

grey BE, **gray** AE
[greɪ], [greɪ] *adj*
grau

yellow
['jeləʊ] *adj*
gelb

orange
['ɒrɪndʒ] *adj*
orange

pink
[pɪŋk] *adj*
rosa

brown
[braʊn] *adj*
braun

JEDE MENGE

all
[ɔːl] *pron*
alle

everything
['evrɪθɪŋ] *pron*
alles

You can get **everything** here and fulfil **all** your wishes as long as you have the right credit card limit.

Hier bekommst du alles und kannst alle deine Wünsche erfüllen, wenn dein Kreditkartenlimit stimmt.

very
['verɪ] *adv*
sehr

I love Tiddles **very** much and she loves me too.

Ich mag Tiddles wirklich sehr. Und sie mich.

much
[mʌtʃ] *adv*
viel

The fizzy drink contains far too **much** sugar.

In der Koffeinbrause ist viel zu viel Zucker drin.

many, a lot of
['menɪ], [ə 'lɒt əv] *pron*
viel(e)

For **many** of the racers it was their first marathon.

Für viele der Teilnehmer war es der erste Marathon.

how much?
[haʊ 'mʌtʃ] *phrase*
wie viel?

How much do you want for the whole lot?

Wie viel verlangen Sie für den ganzen Krempel?

about
[ə'baʊt] *adv*
etwa, ungefähr

The hamburger was **about** this high.

Der Hamburger war ungefähr so hoch.

any

['enɪ] *adj*

etwas, irgendein(e), irgendwelche

Choose **any** seat.

Suchen Sie sich irgendeinen Platz aus.

anything

['enɪθɪŋ] *pron*

(irgend)etwas

some

[sʌm] *pron*

etwas, einige, ein paar

every, each

['evrɪ], [iːtʃ] *pron*

jede(r, -s)

nobody

['nəʊbədɪ] *pron*

niemand

something

['sʌmθɪŋ] *pron*

etwas

Is there **something** particular you're looking for in my drawers?

Suchst du was Bestimmtes in meinen Schubladen?

a bit

[ə 'bɪt] *adv*

etwas, ein bisschen

…now I just need to add **a bit** of frogspawn…

… und nun noch ein bisschen Krötenschleim …

little, few
['lɪtl], [fju:] *pron*
wenig(e)

Ich könnte ein paar mehr davon brauchen, ich bin ein Junge im Wachstum!

Die Steigerung von little ist less und least. Stellt man vor little und few den unbestimmten Artikel a (a little/a few), dann vergrößert sich die angegebene Menge zu „ein wenig", „ein paar", „ein bisschen" oder „einige".

over
['əʊvə] *prep*
über, mehr als

The water is about to spill **over** the edge.

Gleich fließt das Wasser über den Rand.

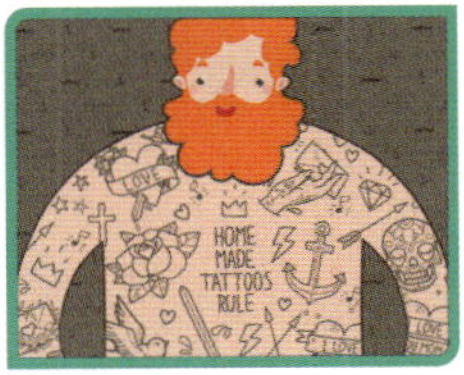

more
[mɔ:(r)] *adj*
mehr

There's no room for any **more** tattoos. What a shame!

Mehr Tattoos passen nicht drauf. Schade!

less
[ləs] *adj*
weniger

My girlfriend said she would prefer a bit **less** facial hair.

Meine Freundin hat gesagt, etwas weniger Haare im Gesicht seien ihr lieber.

somebody, someone
['sʌmbədɪ], ['sʌmwʌn] *pron*
jemand

Could **somebody** please give me a hand?

Kann mir vielleicht bitte jemand helfen?

everybody, everyone
['evrɪˌbɒdɪ], ['evrɪwʌn] *pron*
alle, jeder

Everybody needed their own photo of the concert.

Jeder brauchte ein eigenes Foto vom Konzert.

the half
[ˌhɑː] *n*
die Hälfte

Which **half** would you like?
Welche Hälfte möchtest du?

the group
[gruːp] *n*
die Gruppe

We need to be able to talk about absolutely anything in the **group**.
Wir müssen in der Gruppe über wirklich alles sprechen können.

enough
[ɪˈnʌf] *adj*
genug

I think you've got **enough** flour now, Marie!
Ich glaube, du hast jetzt genug Mehl, Marie!

the part
[pɑːt] *n*
der Teil

On the plus side, the largest **part** of the cup is still in one piece!
Zumindest ist der größte Teil der Tasse noch in einem Stück.

the pair
[peə] *n*
das Paar

Look, I found a **pair** of skis in the cellar.
Schau mal, ich habe ein Paar Ski im Keller gefunden.

nothing
[ˈnʌθɪŋ] *pron*
nichts

As you can see, there's **nothing** to see.
Wie Sie sehen, sehen Sie nichts.

the **metre** BE,
the **meter** AE
['mi:tə], ['mi:tər] *n*
der Meter

Gosh, you're already a **metre** tall!

Mein Gott, nun bist du schon einen Meter groß!

The volcano rises up almost a **kilometre** above the sea.

Fast einen Kilometer ragt der Vulkan über dem Meer auf.

the **kilometre** BE,
the **kilometer** AE
['kɪlə,mi:tə], [kɪ'lɒmətər] *n*
der Kilometer

the **ton,**
the **tonne**
[tʌn] *n*
die Tonne

This magnificent specimen weighs almost a **ton**.

Dieses Prachtexemplar wiegt fast eine Tonne.

the **kilo(gram)**
['kɪlə(,græm)] *n*
das Kilo(gramm)

If I had a **kilo** of gold, I could go off on holiday without a care in the world.

Mit einem Kilo Gold könnte ich unbeschwert Urlaub machen.

the **degree**
[dɪ'gri] *n*
der Grad

Water turns into ice at temperatures below zero **degrees**.

Unter null Grad wird Wasser zu Eis.

the **litre** BE,
the **liter** AE
['li:tə], ['li:tər] *n*
der Liter

At the Munich beer festival, beer is only served in one-**litre** glasses.

Auf dem Oktoberfest gibt's Bier nur in Ein-Liter-Gläsern.

the **millimetre** BE,
the **millimeter** AE
['mɪlɪ,mi:tə], ['mɪlɪ,mi:tər] *n*
der Millimeter

the **centimetre** BE,
the **centimeter** AE
['sentɪ,mi:tə],
['sentɪ,mi:tər] *n*
der Zentimeter

the **gram**
[græm] *n*
das Gramm

the number
['nʌmbə] *n*
die Zahl,
die Nummer

The **number** 8 attacked the number 9 while the number 6 blocked her off.

Die Nummer 8 attackierte die Nummer 9, während die Nummer 6 blockte.

zero
['zɪərəʊ]
null

one
[wʌn]
eins

two
[tuː]
zwei

three
[θriː]
drei

four
[fɔː]
vier

five
[faɪv]
fünf

six
[sɪks]
sechs

seven
['sevn]
sieben

eight
[eɪt]
acht

nine
[naɪn]
neun

ten
[ten]
zehn

eleven
[ɪ'levn]
elf

twelve
[twelv]
zwölf

thirteen
[ˌθɜː'tiːn]
dreizehn

fourteen
[ˌfɔː'tiːn]
vierzehn

fifteen
[ˌfɪf'tiːn]
fünfzehn

sixteen
[ˌsɪks'tiːn]
sechzehn

seventeen
[ˌsevn'tiːn]
siebzehn

eighteen
[ˌeɪ'tiːn] *n*
achtzehn

nineteen
[ˌnaɪn'tiːn]
neunzehn

twenty
['twentɪ]
zwanzig

twenty-one
[ˌtwentɪ'wʌn]
einund-zwanzig

twenty-two
[ˌtwentɪ'tuː]
zweiund-zwanzig

twenty-three
[ˌtwentɪ'θriː]
dreiund-zwanzig

twenty-four
[ˌtwentɪ'fɔː]
vierund-zwanzig

thirty
['θɜːtɪ]
dreißig

forty
['fɔːtɪ]
vierzig

fifty
['fɪftɪ]
fünfzig

sixty
['sɪkstɪ]
sechzig

seventy
['sevntɪ]
siebzig

eighty
['eɪtɪ]
achtzig

ninety
['naɪntɪ]
neunzig

(one) hundred
[(ˌwʌn) 'hʌndrəd]
(ein)hundert

(one) hundred and one
[(ˌwʌn) 'hʌndrəd ænd 'wʌn]
(ein)hunderteins

five hundred
[faɪv 'hʌndrəd]
fünfhundert

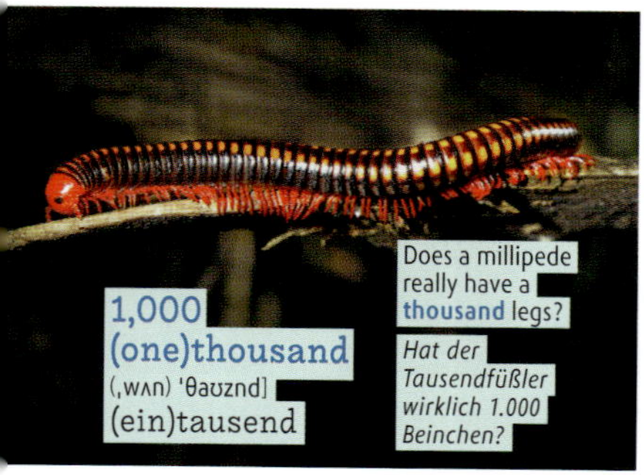

1,000
(one)thousand
(ˌwʌn) 'θaʊznd]
(ein)tausend

Does a millipede really have a **thousand** legs?

Hat der Tausendfüßler wirklich 1.000 Beinchen?

1,000,000
one million
[ˌwʌn 'mɪljən]
eine Million

One million believers at prayer.

Eine Million Gläubige beim Gebet.

1,000,000,000
one billion
[ˌwʌn 'bɪljən]
eine Milliarde

This house costs **one billion** euros.

Dieses Haus kostet eine Milliarde Euro.

to count
[tə 'kaʊnt] *v*
zählen

You have to **count** to 100…

Du musst bis 100 zählen …

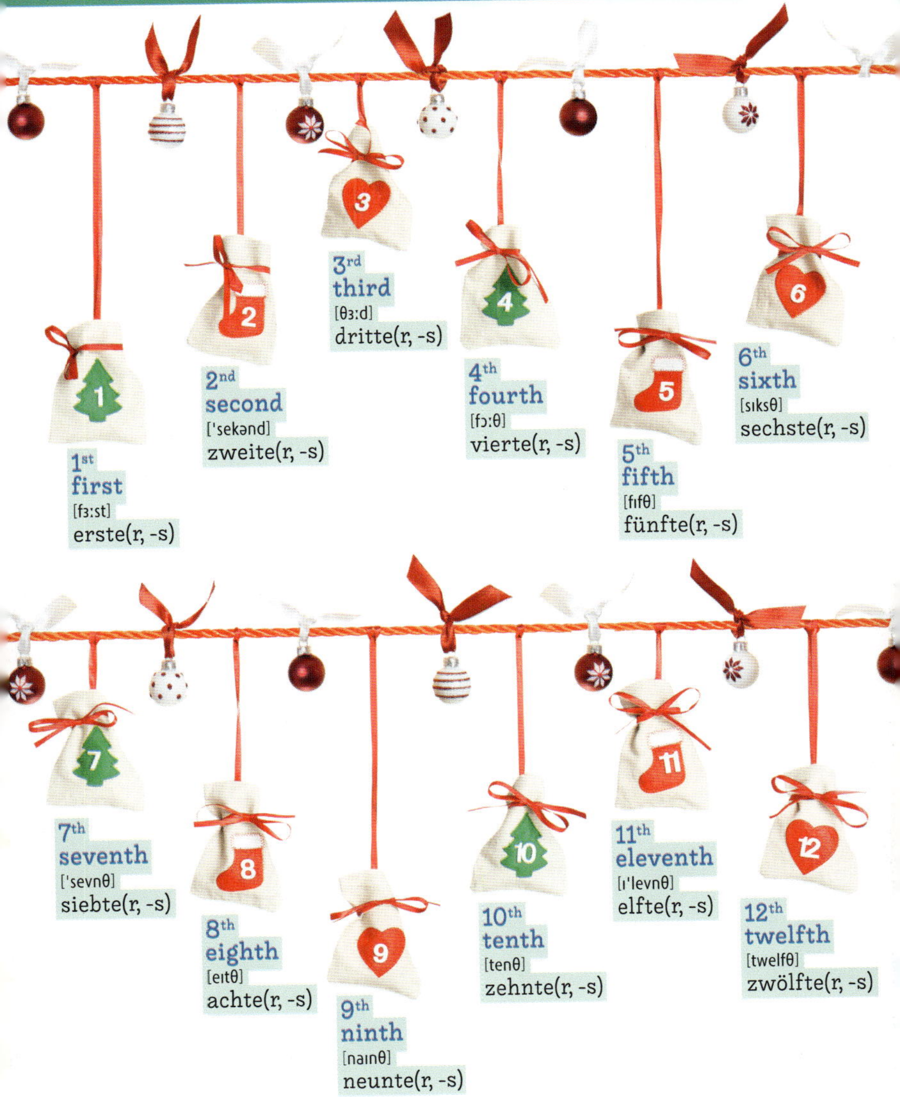

1st
first
[fɜːst]
erste(r, -s)

2nd
second
['sekənd]
zweite(r, -s)

3rd
third
[θɜːd]
dritte(r, -s)

4th
fourth
[fɔːθ]
vierte(r, -s)

5th
fifth
[fɪfθ]
fünfte(r, -s)

6th
sixth
[sɪksθ]
sechste(r, -s)

7th
seventh
['sevnθ]
siebte(r, -s)

8th
eighth
[eɪtθ]
achte(r, -s)

9th
ninth
[naɪnθ]
neunte(r, -s)

10th
tenth
[tenθ]
zehnte(r, -s)

11th
eleventh
[ɪ'levnθ]
elfte(r, -s)

12th
twelfth
[twelfθ]
zwölfte(r, -s)

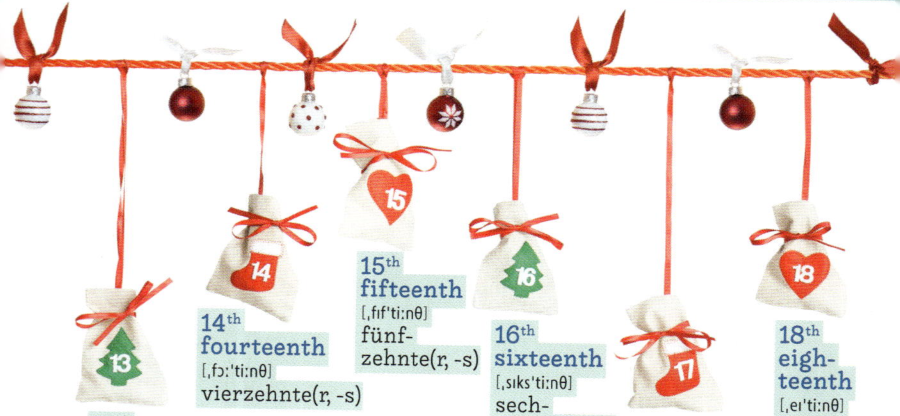

13th thirteenth
[,θɜː'tiːnθ]
dreizehnte(r, -s)

14th fourteenth
[,fɔː'tiːnθ]
vierzehnte(r, -s)

15th fifteenth
[,fɪf'tiːnθ]
fünfzehnte(r, -s)

16th sixteenth
[,sɪks'tiːnθ]
sechzehnte(r, -s)

17th seventeenth
[,sevn'tiːnθ]
siebzehnte(r, -s)

18th eighteenth
[,eɪ'tiːnθ]
achtzehnte(r, -s)

19th nineteenth
[,naɪn'tiːnθ]
neunzehnte(r, -s)

20th twentieth
['twentɪəθ]
zwanzigste(r, -s)

21st twenty-first
[,twentɪ'fɜːst]
einundzwanzigste(r, -s)

22nd twenty-second
[,twentɪ'sekənd]
zweiundzwanzigste(r, -s)

23rd twenty-third
[,twentɪ'θɜːd]
dreiundzwanzigste(r, -s)

24th twenty-fourth
[,twentɪ'fɔːθ]
vierundzwanzigste(r, -s)

30th
thirtieth
['θɜːtɪəθ]
dreißigste(r, -s)

40th
fortieth
['fɔːtɪəθ]
vierzigste(r, -s)

50th
fiftieth
['fɪftɪəθ]
fünfzigste(r, -s)

60th
sixtieth
['sɪkstɪəθ]
sechzigste(r, -s)

70th
seventieth
['sevntɪəθ]
siebzigste(r, -s)

80th
eightieth
['eɪtɪəθ]
achtzigste(r, -s)

90th
ninetieth
['naɪntɪəθ]
neunzigste(r, -s)

100th
hundredth
['hʌndrədθ]
hundertste(r, -s)

REGISTER

A

Abend 251
Abendessen 178
abends 252
Abfahrt 220
Abgeordnete 93
Abonnement 153
abreisen 208
abstürzen 225
Abteil 221
abwaschen 128
abwesend 137
acht 277
achte(r, -s) 279
achtzehn 277
achtzehnte(r, -s) 280
achtzig 278
achtzigste(r, -s) 281
Adjektiv 143
Adresse 117
Adverb 143
Afrika 213
Ägypten 213
ähneln 20
Aktiengesellschaft 105
Alarm 51
Albanien 214
Alkohol 173
All 240
alle 270, 273
alles 270
Alles klar. 88
Alphabet 143
als Erstes 256
als Letztes 256
alt 14
am besten 139
am Leben 15
am schlechtesten 139
Ampel 219
amtlich 94
amüsant 180
an 262, 265
anbauen 109
Anderen 59
anfangen 257
Angebot 193
Angeklagte 103
Angeklagter 103
Angelegenheit 35
angeln 203
angenehm 29
Angst 29
Angst haben vor etw. 27
anhaben 57
anhalten 219, 257
anklagen 102
ankommen 208
Ankunft 220
anmachen 128
Anmeldung 141
annehmen 33, 43, 79
anordnen 77
anprobieren 53
Anruf 145
Anrufbeantworter 145
anrufen 71, 144
anschauen 32
Anschluss 221
Ansicht 79
Anstellung 156
Anstrengung 38
antik 183
Antwort 74
antworten 74
Anwalt 102, 155
Anwältin 102, 155
anwesend 137
anziehen 56
Anzug 54
anzünden 130
Apfel 168
Apotheke 48
Appetit 163
April 245
Arbeit 155, 183
arbeiten 155
Arbeitgeber 156
Arbeitgeberin 156
Arbeitnehmer 156
Arbeitnehmerin 156
arbeitslos 157
Arbeitsplatz 155
Argentinien 212
Ärger 84
ärgerlich 84
Arm 16, 53
arm 99
Armbanduhr 53
Armee 96
Armut 99
Art und Weise 109
Artikel 153
Arzt 48
Ärztin 48
Aschenbecher 128
Asien 213
Ast 229
Astronaut 241
Astronautin 241
Atelier 183
Atem 47
Atheist 101
Atheistin 101
atmen 47
auch 43
auf 262
Auf Wiedersehen! 73
Aufführung 134
aufhören 257
aufmachen 120
Aufmerksamkeit 139
aufräumen 131
aufstehen 40
Auftrag 107
aufwachen 40
aufwachsen 13
Aufzug 119
Auge 19
August 245
aus 265
ausbilden 137
Ausbildung 139
ausdrucken 147
ausdrücken 79
Auseinandersetzung 85
Ausflug 211
ausführen 107
Ausgabe 153
Ausgang 118
ausgeben 195
ausgebucht 209
ausgehen 180
ausgezeichnet 139
Ausländer 91
Ausländerin 91
ausländisch 91
ausschalten 128
Aussprache 143
aussuchen 193
Australien 213
ausverkauft 193
ausziehen 56
Auto 217
Autobahn 218

B

Baby 13
Bäckerei 191
Badehose 57
baden 125
Badewanne 124
Badezimmer 122
Bahnhof 221
Bahnsteig 221
bald 257
Balkon 121
Ball 198
Banane 168
Banknote 106
Bar 176
Bass 189
basteln 203
Bauch 16
bauen 111
Bauernhof 109
Baum 229
Baumwolle 229
bedeuten 143
Bedeutung 143
Bedien dich! 87
bedienen 193
Bedienen Sie sich! 87
Bedienung 175
beeinflussen 94
beenden 257
Befehl 77
befehlen 77
Begegnung 69
beginnen 257
beglückwünschen 180
behalten 6, 41
behandeln 49
Behandlung 48
behindert 45
Bein 17
Beispiel 135
Bekannte 67
Bekleidungsgeschäft 191
bekommen 42
Beleg 194
Belgien 214

belgisch 215
bemerken 31
benutzen 35
Benzin 218
bequem 127
beraten 79
Berg 233
Beruf 154
beruflich 155
berühmt 200
berühren 32
beschäftigen 156
Beschäftigung 156
besetzt 145
besichtigen 210
Besitz 41
besitzen 41
besser 139
Bestellung 107
besuchen 69
beten 100
betrunken 180
Bett 127
Bevölkerung 93
bevor 257
bevorzugen 80
bewaffnet 97
bewegen 35
Bewerbung 158
bewölkt 237
bewusstlos 47
bezahlen 175
Bibliothek 185
Bier 173
Bikini 57
Bild 183
Bildschirm 146
Bildung 132
billig 194
Birne 168
bis 258
Bis dann! 73
Bis gleich! 73
bitte 76
bitten 74
blasen 238
Blatt 161, 229
blau 269
bleiben 119
Blick 32
Blitz 201, 238
Blume 228
Bluse 55
Blut 17
bluten 46
Boden 120, 231
Bonbon 172
Boot 224
Bosnien-Herzegowina 214
Botschaft 93
Brasilien 212
brauchen 39
braun 269
brav 23
brennen 239
Brief 149
Briefmarke 149
Brille 54
bringen 42
Brot 166
Brötchen 166
Brücke 220
Bruder 61
Brust 16, 19
Buch 185
buchen 207
Bücherei 185
Buchhandlung 191
Buchstabe 143
buchstabieren 143
Bühne 184
Bulgarien 215
Burg 211
Büro 160
Bus 222
Busen 19
Butter 171

C

Café 176
Campingplatz 209
Charakter 22
Chile 212
China 213
choose 193
Computer 146
Cousin 62
Cousine 62
Creme 6, 125
Cursor 147

D

da 137
Dach 119
dahin 262
damit 85
danach 256
Dänemark 214
Danke (schön)! 76
Danke, gut. 87
dann 256
das heißt 83
Das ist mir egal. 88
Das macht nichts. 89
Datei 148
Daten 148
Datum 255
dauern 258
Decke 120
dein 69
Demokratie 93
demokratisch 92
denken 30
deutsch 215
Deutschland 214
Dezember 245
dick 21, 112
Diebstahl 103
Dienstag 247
dienstags 247
Diesel 218
digital 148
Diktator 94
Ding 35
direkt 221
diskutieren 78
Dom 210
Donnerstag 247
Doppelzimmer 209
Dorf 261
dort 262
dorthin 262
draußen 265
drehen 37
drei 277
Dreieck 267
dreißig 278
dreißigste(r, -s) 281
dreiundzwanzig 277
dreiundzwanzigste (r, -s) 280
dreizehn 277
dreizehnte(r, -s) 280
drinnen 265
dritte(r, -s) 279
drücken 37
Drucker 147
du 68
dumm 25
Dummheit 25
dünn 21, 112
durch 264
durchfallen 139
durchgehend 221
dürfen 77
Durst 163
durstig 163
Dusche 124
duschen 125
DVD 146

E

Ehefrau 62
Ehemann 62
Ei 171
Eigelb 171
eigen 41
Eigentum 41
ein bisschen 272, 273
ein paar 272, 273
ein wenig 273
Eindruck 33
eine Milliarde 278
eine Million 278
einen Spaziergang machen 203
einen trinken gehen 181
einfach 141
einfügen 148
einführen 107
Eingang 118
einhundert 278
einhundertundeins 278
einige 272, 273
Einigung 81
Einkaufstasche 192
Einkaufszettel 192
einladen 69
eins 277
einsam 29
einschalten 128
einschlafen 40
einstellen 156
eintausend 278
einundzwanzig 277
einundzwanzigste (r, -s) 280
Einwohner 68
Einwohnerin 68
Einzahl 143

Einzelzimmer 209
Eis 172, 239
Eisen 232
Eisenbahn 220
Eiswürfel 173
Eiweiß 171
elektrisch 110
Elektrizität 111
Elend 99
elf 277
elfte(r, -s) 279
Eltern 62
E-Mail 146
empfehlen 79, 80
Empfehlung 81
Empfindung 26
Energie 111
eng 56
englisch 215
entdecken 111
Entdeckung 111
entfernen 39
entscheiden 38
Entscheidung 38
Entschuldigung! 87
er 68
Erdbeben 233
Erdbeere 168
Erdboden 231
Erde 241
Erdgeschoss 117
Erdöl 232
erfinden 111
Erfindung 111
erhalten 42
erhitzen 128
erhöhen 107
Erinnerung 30
erklären 133
erlauben 77
Erlaubnis 77
ernst 24
Ernte 109
ernten 108
erobern 96
erste(r, -s) 279
erster 256
erwachsen 14
erwarten 31
erzählen 71
Erzählung 185
es 68
Essen 162
essen 163
Essig 170
Esszimmer 122
Estland 215
Etage 117
etwa 271
etwas 272
euer 69
Euro 106
Existenz 101
existieren 101
exportieren 107

F

Fach 135
Fahne 91
Fähre 224
fahren 36, 217
Fahrer 217
Fahrerin 217
Fahrkarte 220
Fahrplan 220
Fahrrad 217
falls 85
falsch 138
Familie 60
fangen 198
Farbe 266
fast 197
faul 25
Faust 16
Februar 245
Fehler 138
fehlerfrei 138
feiern 181
Feind 97
Feindin 97
Feld 109
Fenster 120
Ferien 207
fernsehen 151
Fernsehen 151
Fernseher 151
Fest 180
Festplatte 146
Feuer 239
Feuerwehr 155
Feuerzeug 131
Film 184
finden 39
Finger 17
Finnland 215
Firma 105
Fisch 228
Flagge 91
Flasche 173
Fleisch 169
fliegen 223
Flöte 189
Flug 223
Flügel 169
Fluggesellschaft 222
Flughafen 223
Flugplan 222
Flugzeug 223
Flur 122
Fluss 233
Föhn 6, 125
fordern 76, 159
Forderung 77, 159
Form 267
Formular 94
Fotoapparat 201
fotografieren 201
Frage 74
Fragen 74
Frankreich 214
französisch 215
Frau 14, 65
frei 101
Freiheit 101
Freitag 247
Freizeit 201
fremd 91
Freude 27, 29
Freund 67
Freundin 67
freundlich 67
Freundschaft 67
freundschaftlich 67
Frieden 97
Friedhof 261
friedlich 97
frisch 165
Friseur 155
Friseurin 155
Frisur 21
froh 28
fröhlich 23
Frucht 168
fruchtbar 108
früh 256
Frühling 246
Frühstück 178
frühstücken 178
führen 210
Führerschein 217
Führung 210
fünf 277
fünfhundert 278
fünfte(r, -s) 279
fünfzehn 277
fünfzehnte(r, -s) 280
fünfzig 278
fünfzigste(r, -s) 281
Funktion 111
funktionieren 110
für 49
für immer 259
Fuß 17
Fußball 199
Fußboden 120

G

Gabel 128
Galerie 183
Gang 176
gar 165
Garage 121
Garnele 170
Gas 232
Gast 69
Gästezimmer 123
Gebäude 119
geben 42
Gebiet 231
geboren werden 12
gebraucht 193
Gebraucht- 193
Geburt 12
Geburtstag 180
Gedanke 31
Geduld 23
geduldig 23
Gefahr 51
gefährlich 50
Gefallen 83
Gefühl 26
gegen 84
Gegenstand 35
Gegenteil 80
Gegner 199
Gegnerin 199
Gehalt 159
gehen 36
Gehirn 18
Gehweg 219
Geige 189
geistig 45
gelb 268

Geld 106
Gemälde 183
Gemüse 167
gemütlich 127
genau 83, 112
genießen 181
genug 274
geöffnet 192
Gepäck 207
Gerät 110
Geräusch 32
gerecht 101
Gerechtigkeit 101
Gericht 102, 176
Geruch 32
Geschäft 190
Geschäftsführer 157
Geschäftsführerin 157
Geschäftsleitung 156
Geschenk 180
Geschichte 95, 185
Geschirr spülen 128
geschlossen 192
Gesellschaft 98
gesellschaftlich 99
Gesetz 102
Gesicht 20
Gespräch 71
gestatten 77
gestern 255
gestern Abend 251
gestern Nacht 251
gesund 44
gesund werden 47
Gesundheit 44
Getränk 173
Getreide 229
Gewerkschaft 158
gewinnen 200
Gewissheit 38
Gewitter 238
gewöhnlich 258
Gipfel 233
Gitarre 188
Glas 112, 128
glatt 113
Glaube 100
glauben 33
gleich 80
Gleis 221
Glück 29, 202
glücklich 28
Gold 232
Gott 100
Grab 15
Grad 275
Gramm 275
Grammatik 143
Gras 228
gratulieren 180
grau 268
Grenze 91
Griechenland 215
griechisch 215
groß 21
Großbritannien 214
Größe 53
Großmutter 60
Großvater 61
großziehen 13
grün 269
Grund 81, 231
Gruppe 274
gültig 208
günstig 194
Gurke 167
gut 23, 139
gut gehen 45
Gute Nacht! 73
Guten Abend! 73
Guten Appetit! 163
Guten Morgen! 73
Guten Tag! 73

H

Haar 21
Haarbürste 6, 125
haben 43
Hafen 224
halb 253
halb zehn 253
halbe Stunde 253
Hälfte 274
Hallo! 72
Hals 19
Halskette 54
halten 37, 219
halten von 30
Haltestelle 222
Hamburger 177
Hand 16
Handlung 35, 184
Handschuh 54
Handtuch 124
Handy 145
hart 113
Hass 66
hassen 66
hässlich 21
häufig 258
Haus 116
Hausnummer 117
Heft 137
Heiligabend 248
heiraten 63
heiß 237
heißen 71
heizen 128
Heizung 129
helfen 82
Hemd 52
Herbst 246
Herd 129
Herein! 87
Herr 65
Herrscher 95
Herrscherin 95
herstellen 34
herunter 263
Herz 17
heute 254
heute Abend 251
heute Nacht 251
hier 263
Hier, bitte schön. 88
hierher 263
Hilfe 83
Hilfeeeeee! 51
Himmel 241
hinauf 263
hindurch 264
hinnehmen 80
hinter 262
Hintern 16
hinunter 263
Hitze 237
hoch 189, 263, 265
Hochzeit 63
hoffen 33
höflich 24
holländisch 215
Holz 229
Honig 172
hören 32
Hose 52
Hotel 208
hübsch 21
Hügel 233
Huhn 228
Hühnchen 169
Hund 227
hundert 278
hundertste(r, -s) 281
hundertundeins 278
Hunger 163
hungrig 163
husten 46
Husten 47
Hut 54

I

ich 11, 68
Ich hoffe es. 88
Ich hoffe, nicht. 88
ihr 68, 69
illegal 103
Illustrierte 153
Imbiss 177
immer 259
importieren 107
in 264, 265
in Ordnung! 82
in Richtung 265
Indien 213
Indische Ozean 235
Indonesien 213
Industrie 104
Information 150
informieren 153
Insel 234
Instrument 188
inszenieren 184
interessant 134
Interesse 135
international 91
Internet 147
irgendein(e) 272
irgendetwas 272
irgendwelche 272
irisch 215
Irland 214
Island 212
Italien 214
italienisch 215

J

ja 75
Ja, gern. 87
Jacke 53
Jahr 244
Jahre alt sein 15

Jahreszeit 246
Januar 245
Japan 213
Jeans 53
jede(r, -s) 272
jeder 273
jemals 259
jemand 273
jetzt 255
Job 155
Jugend 13
Jugendherberge 209
Juli 245
jung 14
Junge 13
Juni 245

K

Kaffee 173
Kaiser 95
Kalb 227, 286
Kalbfleisch 169
Kalender 161
kalt 237
Kälte 237
Kamm 125
kämpfen 97
Kanada 212
Karfreitag 249
Karneval 249
Kartoffel 167
Käse 171
Kasse 195
Kathedrale 210
Katze 228
Kauf 193
kaufen 192
Kaufhaus 191
Keine Sorge! 89
Keine Ursache! 76
Keks 166
Keller 121
Kellner 175
Kenia 213
Kerl 68
Kerze 130
Kilo(gramm) 275
Kilometer 275
Kind 13
Kindheit 13
Kino 184
Kirche 210
Kirsche 168
Kiste 130
Klang 32
klar 82
Klasse 134
Klassenzimmer 134
Klavier 188
Kleid 52
Kleidergröße 53
Kleidung 52
klein 21
Kleingeld 106
klicken 147
Klima 236
klingeln 120
Klinik 51
Knie 17
Knochen 17
kochen 165
Kochtopf 129
Koffer 207
Kollege 156
Kollegin 156
kollidieren 225
kommen 36
kommen aus/von 117
Konditorei 176
Konfitüre 172
Konflikt 97
König 95
Königin 95
Königreich 95
Könnten Sie …? 89
Könntest du …? 89
Konsulat 93
Kontinent 231
Konzert 186
Kopf 17
Kopfschmerzen 46
kopieren 148
Kopierer 160
Körper 16
körperlich 45
korrekt 138
kosten 194
köstlich 165
Kraft 111
krank 46
Krankenhaus 50
Krankenpfleger 51
Krankenschwester 51
Krankenwagen 50
Kreditkarte 106
Kreis 267
Kreuzung 218
Krieg 96
Kritik 83
Kritiker 83
Kritikerin 83
kritisieren 83
Kroatien 214
Krone 95
Küche 123
Kuchen 166
Kugelschreiber 161
Kuh 227
kühl 237
Kühlschrank 129
Kunst 182
Kunststoff 112
Kurs 136
kurz 56
Kuss 64
Küste 234

L

Lächeln 28
lächeln 29
lachen 29
Lachen 29
Lachs 170
Laden 190
Lampe 127
Land 91, 231
landen 223
Landkarte 207
Landschaft 230
Landstraße 218
Landwirtschaft 108
landwirtschaftlich 108
lang 56, 258
langsam 199
Lass uns … 89
lassen 35
Lassen Sie uns … 89
laufen 197
laut 187
Lautsprecher 187
leben 15
Leben 15, 114
lebendig 15
Lebensmittel 162
Lebensmittelgeschäft 191
Leder 113
ledig 63
leer 179
legal 102
legen 37
lehren 134
Lehrer 135
Lehrerin 135
leicht 113, 141
leise 187
leiten 157
Lektion 137
lernen 133
lesen 185
Leser 85
Leserin 185
Lettland 215
letzter 256
lieb 23, 25
Liebe 64
lieben 64
Lied 187
Linie 267
links 263
Lippe 19
Litauen 214
Liter 275
Löffel 128
löschen 148
lösen 137
losfahren 208
Lösung 137
Luft 241
Luftwaffe 96
lustig 24, 180

M

Mach dir nichts draus! 89
machen 34
Macht 93
mächtig 93
Mädchen 13
Mahlzeit 163
Mai 245
Mais 167
malen 183
Mama 61
manchmal 259
Mangel 99
Mann 14
Mantel 54
Märchen 185
Marine 96
Markt 191
Marmelade 172
Marokko 212

März 245
Maschine 110
Match 198
Material 112
Mauer 120
Maus 146, 228
Medikament 49
Medizin 49
medizinisch 48
Meer 235
mehr 273
mehr als 273
Mehrzahl 143
mein 69
meinen 79
Meinung 79
meistens 258
Mensch 14
menschlich 14
Menü 176
Messer 128
Metall 232
Meter 275
Methode 108
Mexiko 212
mieten 118
Milch 171
Millimeter 275
Mineralwasser 173
Minister 92
Ministerin 92
Minute 252
mit 179
Mitarbeiter 156
Mitarbeiterin 156
mitbringen 42
Mittag 251
Mittagessen 178
mitteilen 71
Mittelmeer 235
Mitternacht 251
Mittwoch 247
Möbel 126
Mobiltelefon 145
Möchten Sie ...? 86
modern 183
mögen 27
möglich 38
Möhre 167
Moldawien 214
Moment 255
Monarchie 95
Monat 246
Mond 241
Montag 247
montags 247
moralisch 101
Mord 103
Morgen 251
morgen 255
Morgendämmerung 251
morgens 252
Moschee 210
Motiv 201
Motor 110
Motorrad 217
müde 40
Mülleimer 7, 131
Mülltonne 7, 131
Mund 19
Münze 106
Museum 210
Musik 186
Mut 23
Mutter 61

N

nach 253, 257, 262, 265
nach etwas fragen 74
nach oben 263
Nachbar 68
Nachbarin 68
Nachfrage 105
Nachmittag 251
nachmittags 252
Nachname 72
Nachrichten 152
Nacht 251
Nachthemd 57
Nachttisch 176
Name 72
Nase 19
nass 238
Nation 91
national 91
National 91
Nationalität 91
Nebel 238
neben 264
neblig 239
nehmen 42
Nehmen Sie bitte Platz. 89
nein 75
nennen 71
nett 25
neu 193
neugierig 24
Neujahrstag 248
neun 277
neunte(r, -s) 279
neunzehn 277
neunzehnte(r, -s) 280
neunzig 278
neunzigste(r, -s) 281
Neuseeland 213
nicht 75
nicht da 137
nicht leiden können 27
nichts 274
nie 259
Niederlage 200
Niederlande 214
niedrig 265
niemals 259
niemand 272
noch 259
noch einmal 75
noch nicht 259
Nordamerika 212
Norden 214
Nordmazedonien 214
normal 237
normalerweise 258
Norwegen 214
norwegisch 215
Note 140
notieren 161
Notiz 161
Notrufnummer 51
November 245
Nudeln 166
null 277
Nummer 276
nur 175
nützlich 82
nützlich sein 35
nutzlos 83

O

ob 85
oben 263
Ober 175
oberhalb 263
Obst 168
oder 74
offen 192
offensichtlich 82
öffentlich 99
Öffentlichkeit 99
offiziell 94
öffnen 120
oft 258
ohne 179
Ohr 19
Ohrring 54
Oktober 245
Öl 170, 232
Olive 167
Oma 61
Omelett 177
Onkel 62
Opa 61
Oper 186
Operation 50
operieren 51
Opfer 103
Opposition 92
Orange 168
orange 268
Orchester 189
Ort 260
Osten 214
Ostern 249
Österreich 214
Ozean 235

P

Paar 62, 274
packen 207
Palast 211
Papa 61
Papier 161
Paprika 167
Park 261
parken 219
Parkplatz 219
Parlament 92
Partei 93
Party 180
passen 53
Patient 50
Patientin 50
Pazifik 235
Pech 202
Personal 157
Personalausweis 209
Pfanne 129
Pferd 227
Pfingsten 249
Pfirsich 168

Pflanze 229
pflanzen 108
Philippinen 213
Pille 49
Pizza 177
planen 38
Plastik, Kunststoff 112
Platz 221, 260, 261
plötzlich 225, 256
Polen 214
Politik 93
politisch 93
Polizist, Polizistin 155
polnisch 215
Pommes frites 177
Portugal 214
portugiesisch 215
Post 149
Postamt 149
Postkarte 149
Postleitzahl 149
Präsident 92
Präsidentin 92
Praxis 50
Preis 195
pressen 37
privat 99
Privat- 99
Problem 138
professionell 155
Professor 136
Professorin 136
Programm 148, 150
programmieren 148
Prost! 163
Prozess 102
Prüfung 140
psychisch 45
Pullover 55
Punkt 253
Punkt drei Uhr 253
putzen 131

Q

Quadrat 267
Qualität 57
Quittung 194

R

Radio 151
raten 79
rau 113
rauchen 181
Raum 119
Rechnung 175
Recht 102
recht haben 81
Rechteck 267
rechtzeitig 256
Rede 71
reden 70
Regen 238
Regenschirm 54
regieren 93
Regierung 92
Region 231
regional 231
regnen 239
reich 99
reichen 43
Reichtum 99
Reifen 219
Reis 166
Reise 206
Reisebüro 207
reisen 207
Reisepass 208
reiten 198
Reklamation 194
reklamieren 194
Religion 100
Religions- 101
Religiös 101
rennen 197
Rennen 197
Rente 159
reparieren 112
reservieren 178
Restaurant 174
retten 50, 225
Rezept 48
Rezeption 209
Richter 102
Richterin 102
richtig 138
Richtung 262
riechen 32
Rindfleisch 169
Ring 53
Rock 54
roh 165
Roman 185
rosa 268
Rose 228
rot 269
Rücken 16
rufen 71
Ruhestand 159
ruhig 25, 71
Rumänien 215
rund 267
russisch 215
Russland 215

S

Sache 35
sagen 71
Sahne 171
Saison 246
Salami 169
Salz 171
Samstag 247
Sandwich 177
Satellit 241
Satz 143
sauber 131
sauber machen 131
Saudi-Arabien 213
sauer 164
sauer, ärgerlich 84
sausage 169
Schachtel 130
Schaf 227
Schaffner 221
Schaffnerin 221
scharf 164
schauen 32
Scheibe 166
scheinen 79
schicken 149
schieben 37
schießen 97, 199
Schiff 224
Schlafanzug 57
schlafen 40
Schlafsack 209
Schlafzimmer 122
Schlagzeug 188
Schlange 194
schlank 20
schlecht 46, 139
schlechter 139
schließen 120
Schloss 121, 211
Schlüssel 121
schmecken 164
Schmerz 45
schmerzen 45
schmutzig 131
Schnee 239
schneiden 165
schneien 239
schnell 199
Schock 47
Schokolade 172
schon 258
schon einmal 259
Schönheit 20
Schrank 127
schrecklich 27
schreiben 161
Schreibtisch 160
Schuh 55
Schuhgeschäft 191
Schuld 101
Schulden 106
schulden 107
schuldig 101
Schule 135
Schüler 135
Schülerin 135
Schulgebäude 135
Schulter 19
schwarz 268
Schweden 214
schwedisch 215
Schweigen 72
Schwein 227
Schweinefleisch 169
Schweiß 47
Schweiz 214
schweizerisch 215
schwer 113
Schwester 61
schwierig 141
Schwierigkeit 141
Schwimmbad 199
schwimmen 199
schwitzen 47
sechs 277
sechste(r, -s) 279
sechzehn 277
sechzehnte(r, -s) 280
sechzig 278
sechzigste(r, -s) 281
See 234
sehen 32
sehr 271
Sehr erfreut! 73
Seife 6, 125
sein 69

seinen Lebensunterhalt verdienen 158
seit 7, 258
Seite 137, 263
Sekretär 160
Sekretärin 160
Sekunde 252
selten 259
senden 149, 150
Sendung 150
senken 107
September 245
Serbien 214
setzen 37
Shampoo 125
sich amüsieren 181
sich anmelden 140
sich anziehen 56
sich aufhalten 119
sich aufregen 84
sich ausziehen 56
sich bewerben 159
sich erinnern 31
sich erkälten 46
sich fragen 30
sich fühlen 29
sich fühlen 45
sich interessieren für 134
sich irren 138
sich kümmern um 65
sich küssen 64
sich lohnen 107
sich rasieren 124
sich scheiden lassen 66
sich streiten 84
sich trennen 66
sich umziehen 55
sich verbessern 138
sich verletzen 45
sich verletzen 45
sich verwählen 145
sicher 38, 95
Sicherheit 38
sichern 148
sie 68
Sie wünschen? 88
sieben 277
sieben Minuten vor sechs 253
siebte(r, -s) 279
siebzehn 277
siebzehnte(r, -s) 280
siebzig 278
siebzigste(r, -s) 281
Sieg 200
Silber 232
Silvester 248
singen 187
sinken 224
sinken, sich verringern 107
sitzen 127
Sitzplatz 221
Slowakei 214
Slowenien 214
Socke 55
sofort 256
Sohn 60
Soldat 96
Soldatin 96
Sommer 246
Sonne 241
Sonnenbrille 57
sonnig 237
Sonntag 247
Sorgfalt 139
sozial 99
Spanien 214
spanisch 215
sparen 105
spät 256
Speck 169
speichern 148
Speisekarte 175
Spezialität 177
Spiegel 130
Spiel 198, 202
spielen 189, 202
Spieler 197
Spielerin 197
Sport 196
Sprache 142
sprechen 70
springen 198
Staat 90
staatlich 91
Stadt 261
Start 200
starten 223
Steak 169
stehlen 103
steigern 107
Stelle 155
stellen 37
sterben 15
Stereoanlage 187
Stern 241
Stift 160
still 71
Stille 72
Stimme 186
stinken 33
Stirn 19
Stoff 112
stören 84
stornieren 207
Strafe 103
Strand 234
Straße 218
Straßenbahn 222
Strecke 217
Streik 159
streiken 159
Streit 85
streiten 84
Stück 166, 184
Student 136
Studentin 136
studieren 133
Studium 136
Stuhl 126
Stunde 252
Stundenplan 135
Sturm 238
Substantiv 143
suchen 39
Südafrika 213
Südamerika 212
Süden 214
Supermarkt 191
Suppe 177
süß 164
sympathisch 29
Synagoge 210
System 111

T

Tablette 49
Tag 250
Tageszeitung 152
täglich 251
Tankstelle 218
Tante 62
Tanz 181
tanzen 181
Tasche 53
Taschenmesser 203
Tasse 128
Tastatur 146
Taste 146
Tätigkeit 35
tausend 278
Taxi 217
Team 156
Tee 173
Teelöffel 128
Teil 274
Telefon 145
telefonieren 144
Telefonnummer 145
Teller 129
Temperatur 236
Terrasse 121
Terrorist 97
Terroristin 97
Test 141
testen 141
teuer 194
Text 143
Theater 184
Theaterstück 184
Thunfisch 170
tief 189, 265
tiefgekühlt 165
Tiefkühl- 165
Tier 226
Tisch 126
Tisch decken 178
Titel 185
Tochter 60
Tod 15
tödlich 15
Toilette 123
tolerieren 80
Tomate 167
Tonne 275
Tor 119, 199
tot 15
töten 103
Tourismus 207
Tourist 207
Touristin 207
Touristen- 207
touristisch 207
tragen 36, 57
trainieren 197
Traube 168
Trauer 28
traurig 29
Traurigkeit 29
treffen 68
Treffen 69
trennen 43, 66
Treppe 121

treu 65
trinken 163
Trinkgeld 175
trocken 238
trocknen 131
Trommel 188
Tschechien 214
tschechisch 215
tun 34
Tür 118
Türkei 215
Turm 211

U

U-Bahn 222
übel 46
Übelkeit 47
üben 137
über 133, 263, 273
überleben 225
überrascht sein 29
Überraschung 27
Überschwemmung 239
übersetzen 143
Übersetzung 143
überzeugen 79
üblich 237
Übung 135
Ufer 234
Uhr 252
Ukraine 215
um 252
um (herum) 264
um … zu 85
Um etwas bitten 74
um Hilfe rufen 51
umbringen 103
umdrehen 37
Umsatz 105
umsteigen 221
umtauschen 195
Umwelt 231
unangenehm 29
und 75
Unfall 225
Ungarn 214
ungeduldig 23
ungefähr 271
ungerecht 101
unglücklich 29
unhöflich 24
Universität 136
Universum 240
unmöglich 39
unmoralisch 101
unrecht haben 81
unschuldig 101
unser 69
unten 263
unter 264
unterdrücken 94
Unterhose 55
Unterlagen 161
Unterricht 134
unterrichten 134
untersagen 77
Unterschied 81
unterschreiben 94
unterstützen 83
Unterstützung 82
untreu 65
unvorsichtig 25
Urlaub 207
USA 212
USB-Stick 146

V

Vater 60
verantwortlich 157
Verb 143
verbieten 77
Verbot 77
verbrauchen 219
Verbrechen 103
verbrennen 239
verdienen 158
Vereinigten Staaten 212
vergessen 30
verheiratet 63
Verkauf 193
verkaufen 192
Verkäufer 55
Verkäuferin 55
Verkehr 216
verlangen 76
verlassen 35
verletzen 45
verlieren 200
Verlierer 200
Verliererin 200
vermieten 118
vermuten 33, 79
verpassen 220
verringern 107
Versammlung 69
verschieden 80
Versicherung 106
versprechen 77
Versprechen 77
verstehen 133
versuchen 37
Verwaltung 94
verwenden 35
Viel Spaß! 180
viel(e) 271
vielleicht 38
vier 277
vier Minuten nach sieben 253
vierte(r, -s) 279
Viertel 261
Viertel vor 253
Viertel vor neun 253
Viertelstunde 253
vierundzwanzig 277
vierzehn 277
vierzehnte(r, -s) 280
vierzig 278
vierzigste(r, -s) 281
violett 269
Violine 189
Visitenkarte 161
Vogel 228
voll 179
vollständig 193
von 133, 135, 265
vor 253, 255, 257, 263
vorbereiten 37
vorlesen 185
Vorname 72
Vorschlag 81
vorschlagen 80
Vorsicht! 89
vorsichtig 24
Vorsorgeuntersuchung 49
Vorstellung 184
Vorwahl 145
vorziehen 80

W

wachsen 229
Waffe 97
Wagen 217
wählen 145
wahr 153
während 255
Wahrheit 153
wahrscheinlich 38
Wald 233
Wand 120
Wanderung 199
wann 255
Ware 105
warm machen 165
Wärme 237
Warteschlange 194
Was ist los? 87
Was kostet …? 194
waschen 131
Waschmaschine 130
Wasser 234
Wasserhahn 128
Website 147
wechseln 105
wecken 40
Weg 233
wegnehmen 39
wehen 238
wehtun 45
weich 113
Weihnachten 248
weil 85
Wein 173
weinen 28
weiß 268
Weißrussland 215
weit 56
Welle 235
Welt 204
Weltraum 240
wenden 218
wenig(e) 273
weniger 273
wenn 85
Werbespot 150
werfen 199
Werk 183
Werkstatt 113
Werktag 247
Werkzeug 203
Westen 214
Wetter 236
Wettkampf 199
wichtig 83
wie 27, 109
Wie bitte? 74
Wie geht es dir? 87
Wie geht es Ihnen? 87
Wie geht's? 87
Wie spät ist es? 253
wie viel? 271
wieder 75

wiederholen 141
Willkommen! 72
Wind 238
Winter 246
wir 68
Wirtschaft 105
Wissen 133
wissen 30, 133
Witwe 66
Witwer 66
wo 262
Woche 246
Wochenende 247
wohin 262
Wohnblock 119
wohnen 118
Wohnort 117
Wohnung 122
Wohnzimmer 123
Wolke 237
Wolle 227
wollen 76
Wort 143
Wörterbuch 143
Wunde 47
Würdest du bitte ...? 89
Würfel 202
Wüste 233
Wut 84
wütend 84

Z

Zahl 276
zählen 278
Zahn 18
Zahnarzt 48
Zahnärztin 48
Zahnbürste 6, 124
Zähne putzen 124
Zahnpasta 6, 125
zehn 277
zehnte(r, -s) 279
zeichnen 183
zeigen 183
Zeit 243
Zeitkarte 222
Zeitschrift 153
Zeitung 152
Zelt 209
Zentimeter 275
zerbrechlich 113
Zeuge 102
Zeugin 102
Zeugnis 140
Ziege 227
ziehen 36
Ziel 200
Zimmer 119
Zitrone 168
Zone 231
zu Abend essen 178
zu Hause 117
zu Mittag essen 178
zubereiten 165
Zucker 172
zuerst 256
zufrieden 27
Zug 221
zuhören 33
zum Beispiel 83
zumachen 120
Zunge 18
zurückkommen 208
zurückrufen 145
zusammen 68
zusammenleben 64
Zusammenstoß 225
Zusammen-stoßen 225
zusammen-stoßen 225
zuständig 157
zustimmen 80
zwanzig 277
zwanzigste(r, -s) 280
zwecklos 83
zwei 277
Zweig 229
zweite(r, -s) 279
zweiundzwanzig 277
zweiundzwanzigste (r, -s) 280
Zwiebel 167
zwischen 265
zwölf 277
zwölfte(r, -s) 279

A

a bit 272
a few 273
a little 273
a lot of 271
a piece of information 150
a quarter to nine 253
a.m. 252
about 133, 271
above 263
absent 137
accept 43
accident 225
accuse 102
accused 103
acquaintance 67
acquisition 193
action 35
activity 35
address 117
adjective 143
administration 94
adult 14
adverb 143
advise 79
Afrika 213
after 257
afternoon 251
again 75
against 84
ago 255
agree 80
agreement 81
agricultural 108
agriculture 108
air 241
air force 96
airline 222
airport 223
alarm 51
Albania 214
alcohol 173
alive 15
all 270
all right! 82
All right. 88
allow 77
almost 197
alphabet 143
already 258
also 43
always 259
ambulance 50
ancient 183
and 75
angry 84
animal 226
annoyed 84
answer 74
answerphone 145
any 272
anything 272
apartment 122
appetite 163
apple 168
application 158
apply 159
April 245
area 231
area code 145
Argentina 212
argue 84
argument 85
arm 16
armed 97
army 96
around 264
arrival 220
arrive 208
art 182
article 153
ashtray 128
Asia 213
ask 74
ask for sth. 74
astronaut 241
at 252, 265
at home 117
at once 256
atheist 101
Atlantic (Ocean) 235
attention 139
August 245
aunt 62
Australia 213
Austria 214
autumn 246

B

baby 13
back 16
bacon 169
bad 139
bad luck 202
badly 139
bag 53
baggage 207
bakery 191
balcony 121
ball 198
ballpoint pen 161
ban 77
banana 168
bank 234
banknote B 106
bar 176
bass 189
bath 124
bathroom 122, 123
bathtub 124
be allowed to 77
be born 12
be from 117
be interested in 134
be of use 35
be on strike 159
be quiet 72
be right 81
be surprised 29
be well 45
be wrong 138
be wrong 81
beach 234
beauty 20
because 85
bed 127
bedroom 122
beef 169
beer 173
before 257
begin 257
behind 262
Belarus 215
Belgian 215
Belgium 214
believe 33
belly 16
below 264
best 139
better 139
between 265
bicycle 217
big 21
bike 217
bikini 57
bill 106, 175
bird 228
birth 12
birthday 180
biscuit 166
black 268
bleed 46
block 119
blood 17
blouse 55
blow 238
blue 269
boat 224
body 16
boil 165
bone 17
book 178, 185
book 207
bookshop 191
bookstore 191
border 91
Bosnia-Herzegovina 214
bottle 173
box 130
boy 13
brain 18
branch 229
brave 23
Brazil 212
bread 166
breakfast 178
breast 19
breath 47
breathe 47
bridge 220
briefs 55
bring 42
bring up 13
broadcast 150
brother 61
brown 269
brush one's teeth 124
build 111
building 119
Bulgaria 215
burn 239
bus 222
bus stop 222
business card 161
busy 145

butt 16
butter 171
buy 192
by 264

C

café 176
cake 166
cake shop 176
calendar 161
calf 227
call 71, 144, 145
call back 145
call for help 51
calm 25, 71
camera 201
campground 209
campsite 209
Can I help you? 88
can't stand 27
Canada 212
cancel 207
candle 130
candy 172
car 217
car park 219
care 139
care about 65
careful 24
careless 25
carnival 249
carrot 167
carry 36
carte 175
case 207
cash desk 195
castle 211
cat 228
catch 198
catch a cold 46
cathedral 210
ceiling 120
celebrate 181
cell(phone) 145
cellar 121
cemetery 261
centimeter 275
centimetre 275
certainty 38
certificate 140
chair 126
change 55, 105, 106
change trains 221
character 22
cheap 194
checkout 195
check-up 49
cheerful 23
Cheers! 163
cheese 171
cherry 168
chest 16
chicken 169, 228
child 13
childhood 13
Chile 212
China 213
chips 177
chocolate 172
choose 193
Christmas 248
Christmas Eve 248
church 210
cinema 184
circle 267
city 261
class 134
classes 134
classroom 134
clean 131
clear 82
click 147
climate 236
clinic 51
close 120
closed 192
clothes 52
clothes shop 191
clothes store 191
cloud 237
cloudy 237
coast 234
coat 54
coffee 173
coin 106
cold 237
colleague 156
collide 225
color 266
colour 266
comb 125
come 36
Come in! 87
comfortable 127
commercial 150
company 105
compartment 221
competition 199
complaint 194
complete 193
computer 146
concert 186
conductor 221
conflict 97
congratulate 180
connection 221
conquer 96
consulate 93
continent 231
conversation 71
convince 79
cook 165
cooked 165
cooker 129
cookie 166
cool 237
copy 148
corporation 105
correct 138
cost 194
cotton 229
cough 46, 47
Could you ...? 89
count 278
country 91, 231
couple 62
courage 23
course 136, 176
court 102
cousin 62
cow 227
co-worker 156
crash 225
cream 6, 125, 171
credit card 106
crime 103
critic 83
criticism 83
criticize 83
Croatia 214
crossroad 218
crossroads 218
crown 95
cry 28
cucumber 167
cup 128
cupboard 127
curious 24
cursor 147
cut 165
Czech 215
Czechia 214

D

dad 61
daily 251
daily paper 152
dance 181
danger 51
dangerous 50
data 148
date 255
daughter 60
dawn 251
day 250
dead 15
deadly 15
death 15
debts 106
December 245
decide 38
decision 38
decrease 107
defeat 200
degree 275
delete 148
delicious 165
demand 76, 77, 105, 159
democracy 93
democratic 92
Denmark 214
dentist 48
department store 191
departure 220
desert 233
dessert 176
dial the wrong number 145
dialling code 145
diary 161
dice 202
dictator 94
dictionary 143
die 15
diesel 218
difference 81
different 80
difficult 141
difficulty 141
digital 148
dining room 122
dinner 178
direct 221

direction 262
dirty 131
disabled 45
discover 111
discovery 111
discuss 78
dish 176
disturb 84
divorced 66
do 34
do handicrafts 203
do the dishes 128
doctor 48
doctor's office 50
documents 161
dog 227
Don't worry! 89
door 118
double room 209
down 263
downstairs 263
draw 183
dress 52
drink 163, 173
drive 217
driver 217
driver's license 217
driving licence 217
drum 188
drums 188
drunk 180
dry 131, 238
during 255
Dutch 215
DVD 146

E

each 272
ear 19
early 256
earn 158
earring 54
earth 241
earthquake 233
East 214
Easter 249
easy 141
eat 163
economy 105
edition 153
education 132, 139
effort 38
egg 171
egg white 171
egg yolk 171
Egypt 213
eight 277
eighteen 277
eighteenth 280
eighth 279
eightieth 281
eighty 278
electric 110
electricity 111
elevator 119
eleven 277
eleventh 279
e-mail 146
embassy 93
emergency number 51
emperor 95
employ 156
employee 156
employer 156
employment 156
empty 179
end 257
enemy 97
energy 111
engaged 145
engine 110
English 215
enjoy 181
enjoy oneself 181
Enjoy your meal! 163
enough 274
entrance 118
environment 231
equal 80
Estonia 215
euro 106
evening 251
ever 259
every 272
everybody 273
everyone 273
everything 270
exactly 83
examination 49, 140
examine 48
example 135
excellent 139
exchange 195
exercise 135
exercise book 137
exist 101
existence 101
exit 118
expect 31
expensive 194
explain 133
export 107
express 79
eye 19

F

face 20
fail 139
fairy tale 185
faith 100
faithful 65
fall asleep 40
family 60
famous 200
farm 109
fast 199
fat 21
father 60
faucet 128
favor 83
favorite 28
favour 83
favourite 28
fear 29
fear sth 27
February 245
feel 29, 45
feeling 26
ferry 224
fertile 108
few 273
field 109
fifteen 277
fifteenth 280
fifth 279
fiftieth 281
fifty 278
fight 97
file 148
filling station 218
film 184
find 39
Fine, thank you. 87
finger 17
finish 200
Finland 215
fire 239
fire brigade 155
fire department 155
firm 105
first 256, 279
first floor 117
first name 72
fish 203, 228
fist 16
fit 53
five 277
five hundred 278
flag 91
flash 201
flat 122
flight 223
flood 239
floor 117, 120
flower 228
flute 189
fly 223
fog 238
foggy 239
food 162
foot 17
football 199
for 7, 49, 258, 265
for a month 7, 258
for example 83
forehead 19
foreign 91
foreigner 91
forest 233
forever 259
forget 30
fork 128
form 94
fortieth 281
forty 278
four 277
four minutes past seven 253
fourteen 277
fourteenth 280
fourth 279
fragile 113
France 214
free 101
free time 201
freedom 101
French 215
French fries 177
fresh 165
Friday 247
fridge 129
friend 67
friendly 67
friendship 67

from 265
frozen 165
fruit 168
frying pan 129
full 179, 209
function 111
funny 24, 180
furniture 126

G

gallery 183
game 198, 202
garage 121
garbage can 7, 131
gas 218, 232
gate 119
German 215
Germany 214
get 42
get divorced 66
get married 63
get up 40
get upset 84
girl 13
give 42
glad 28
glass 112, 128
glasses 54
glove 54
go 36
go for a drink 181
go for a walk 203
go out 180
goal 199
goat 227
god 100
goddess 100
gold 232
good 23, 139
Good afternoon! 73
Good evening! 73
Good Friday 249
Good morning! 73
Good night! 73
Goodbye! 73
goods 105
govern 93
government 92
grade 140
grain 229
gram 275
grammar 143
grandfather 61
grandma 61
grandmother 60
grandpa 61
grape 168
grass 228
grave 15
gray 268
Great Britain 214
Greece 215
Greek 215
green 269
grey 268
grocer's 191
grocery store 191
ground 231
ground floor 117
group 274
grow 109, 229
grow up 13
guest 69
guestroom 123
guided tour 210
guilt 101
guilty 101
guitar 188
guy 68

H

hair 21
hairbrush 6, 125
hairdresser 155
hairdryer 6, 125
half 274
half an hour 253
half past 253
half past nine 253
hallway 122
hamburger 177
hand 16
happiness 29
happy 28
hard 113
hard disk 146
harvest 108, 109
hat 54
hate 66
hatred 66
have 43
have a bath 125
Have a seat, ple-ase. 89
have a shower 125
have breakfast 178
have dinner 178
Have fun! 180
have got 43
have lunch 178
he 68
head 17
headache 46
health 44
healthy 44
hear 32
heart 17
heat 128, 237
heating 129
heavy 113
Hello! 72
help 82, 83
Help! 51
her 69
here 263
Here you are. 88
Hi! 72
high 189, 265
hike 199
hill 233
hire 118, 156
his 69
history 95
hold 37
holiday 207
honey 172
hope 33
horse 227
hospital 50
hot 164, 237
hotel 208
hour 252
house 116
house number 117
how 109
How are you? 87
How much is...? 194
how much? 271
human 14
hundred 278
hundred and one 278
hundredth 281
Hungary 214
hunger 163
hungry 163
hurt 45
hurt oneself 45
husband 62

I

I 11, 68
I don't mind. 88
I hope not. 88
I hope so. 88
I'm sorry! 87
ice 239
ice cream 172
ice cube 173
Iceland 212
identity card 209
if 85
ill 46
immediately 256
immoral 101
impatient 23
impolite 24
import 107
important 83
impossible 39
impression 33
improve 138
in 264
in front of 263
in order to 85
in time 256
increase 107
India 213
Indonesia 213
industry 104
influence 94
inform 153
information 150
inhabitant 68
innocent 101
inside 265
instrument 188
insurance 106
interest 135
interesting 134
international 91
Internet 147
intersection 218
interstate 218
invent 111
invention 111
invite 69
Ireland 214
Irish 215
iron 232
island 234
issue 153
it 68
Italian 215

Italy 214
its 69

J

jacket 53
jam 172
jeans 53
jelly 172
job 155
journey 206
judge 102
July 245
jump 198
June 245
just 101
justice 101

K

keep 6, 41
Kenya 213
key 121, 146
keyboard 146
kill 103
kilo(gram) 275
kilometer 275
kilometre 275
kind 25
king 95
kingdom 95
kiss 64
kitchen 123
knee 17
knife 128
know 133
know 30
knowledge 133

L

labor union 158
lack 99
lake 234
lamp 127
land 223, 231
landscape 230
language 142
last 256, 258
last name 72
last night 251
late 256
Latvia 215
laugh 29
laughter 29
law 102
lawyer 102, 155
lazy 25
lead 210
leaf 229
learn 133
least 273
leather 113
leave 35, 208
left 263
leg 17
legal 102
lemon 168
less 273
lesson 137
let 35, 118
Let's … 89
letter 143, 149
library 185
life 15, 114
lift 119
light 113, 130
lighter 131
lightning 238
like 27
line 194, 267
lip 19
listen 33
liter 275
Lithuania 214
litre 275
little 273
live 15, 118
live together 64
living room 123
lock 121
lonely 29
long 56
look 32
look alike 20
look for 39
Look out! 89
lose 200
loser 200
loud 187
loudspeaker 187
love 64
low 189, 265
luck 202
luggage 207
lunch 178

M

machine 110
magazine 153
mail 149
make 165
make 34
make a living 158
make a U-turn 218
male nurse 51
man 14
management 156
manager 157
many 271
map 207
March 245
mark 140
market 191
marmalade 172
married 63
match 198
material 112
matter 35
May 245
maybe 38
meal 163
mean 79, 143
meaning 143
meat 169
medical 48
medication 49
medicine 49
Mediterranean (Sea) 235
meet 68
Member of Parliament 93
memory 30
mental 45
merchandise 105
metal 232
meter 275
method 108
metre 275
Mexico 212
midnight 251
milk 171
millimeter 275
millimetre 275
mine 69
mineral water 173
minister 92
minute 252
mirror 130
misery 99
miss 220
mistake 138
mobile (phone) 145
modern 183
Moldova 214
mom A 61
moment 255
monarch 95
monarchy 95
Monday 247
money 106
month 246
moon 241
moral 101
more 273
morning 251
Morocco 212
mosque 210
mother 61
motorbike 217
motorway 218
mountain 233
mourning 28
mouse 146
mouse 228
mouth 19
move 35
movie 184
movie theater 184
Mr 65
Mrs 65
Ms 65
much 271
mum 61
murder 103
museum 210
music 186

N

name 72
nation 91
national 91
nationality 91
navy 96
neck 19
necklace 54
need 39
neighbor 68
neighbour 68
Netherlands 214
never 259
new 193
New Year's Day 248

New Year's Eve 248
New Zealand 213
news 152
newspaper 152
next to 264
Nice to meet you. 73
night 251
nightshirt 57
nine 277
nineteen 277
nineteenth 280
ninetieth 281
ninety 278
ninth 279
no 75
nobody 272
noodles 166
noon 251
normal 237
North America 212
North Macedonia 214
Norway 214
Norwegian 215
nose 19
not 75
not yet 259
note 161
note 106
note down 161
nothing 274
notice 31
noun 143
novel 185
November 245
now 255
number 276
nurse 51

O

o'clock 252
object 35
obvious 82
ocean 235
October 245
of 135
offer 193
office 160
official 94
often 258
oil 170, 232
olive 167
omelette 177
on 262
on Mondays 247
on Tuesdays 247
one 277
one billion 278
one hundred 278
one hundred and one 278
one million 278
one thousand 278
onion 167
only 175
open 120, 192
opera 186
operate 51
operation 50
opinion 79
opponent 199
opposite 80
opposition 92
or 74
orange 168, 268
orchestra 189
order 77, 107
others 59
our 69
outside 265
over 263, 273
owe 107
own 41

P

p.m. 252
Pacific (Ocean) 235
pack 207
page 137
pain 45
paint 183
painting 183
pair 274
pair of briefs 55
pajamas 57
palace 211
pants 52
paper 152, 161
Pardon? 74
parents 62
park 219, 261
parking lot 219
parliament 92
part 274
party 93, 180
pass 43
passport 208
past 253
pasta 166
paste 148
path 233
patience 23
patient 50
patiently 23
pavement 219
pay 175
peace 97
peaceful 97
peach 168
peak 233
pear 168
pen 160
pension 159
pepper 167
performance 184
perhaps 38
permission 77
petrol 218
pharmacy 48
Philippines 213
phone 144, 145
phone back 145
photocopier 160
physical 45
piano 188
picture 183
piece 166
piece of candy 172
pill 49
pink 268
pizza 177
place 260
place of residence 117
plan 38
plane 223
plant 108, 229
plastic 112
plate 129
platform 221
play 184, 189, 202
player 197
pleasant 29
please 76
Please, help yourself! 87
pleasure 27
plot 184
plural 143
pocket knife 203
Poland 214
police officer 155
Polish 215
polite 24
political 93
politics 93
poor 99
population 93
pork 169
port 224
Portugal 214
Portuguese 215
possible 38
post 149, 155
post office 149
postcard 149
postcode 149
pot 129
potato 167
poverty 99
power 93, 111
powerful 93
practice 137
practise 137
prawn 170
pray 100
precisely 112
prefer 80
prepare 37
prescription 48
present 137, 180
preserve 172
president 92
press 37
pretty 21
price 195
print out 147
printer 147
private 99
probably 38
problem 138
profession 154
professional 155
professor 136
program 148, 150
programme 150
prohibit 77
promise 77
pronunciation 143
property 41
pub 176
public 99
public limited company 105
pull 36

pullover 55
punishment 103
pupil 135
push 37
put 37
put on 56
put on one's clothes 56
pyjamas 57

Q

quality 57
quarter 261
quarter of an hour 253
quarter to 253
queen 95
query 194
question 74
queue 194
quiet 71, 187

R

race 197
radio 151
rage 84
railroad 220
railway 220
rain 238, 239
raw 165
read 185
reader 185
reason 81
receipt 194
receive 42
reception 209
recommend 80
recommendation 81
recover 47
rectangle 267
red 269
reduce 107
region 231
regional 231
register 140
registration 141
religion 100
religious 101
remember 31
remove 39
rent 118, 119
repair 112
repeat 141
rescue 225
reserve 178
residence 117
responsible 157
restaurant 174
restroom 123
retirement 159
return 208
rice 166
rich 99
ride 198
right 102
right 138, 263
ring 53
ring the bell 120
river 233
road 218
roll 166
Romania 215
roof 119
room 119
rose 228
rough 113
round 267
route 217
rubbish bin 7, 131
run 157, 197
Russia 215
Russian 215

S

sad 29
sadness 29
safe 95
salami 169
salary 159
sale 193
salmon 170
salt 171
sandwich 177
satellite 241
satisfied 27
Saturday 247
Saudi Arabia 213
sausage 169
save 50, 148
say 71
schedule 135, 222
school 135
screen 146
sea 235
season 246
season ticket 222
seat 221
second 252, 279
second floor 117
second-hand 193
secretary 92, 160
Secretary of State 92
see 32
See you! 73
seem 79
seldom 259
sell 192
send 149
sentence 143
separate 43, 66
September 245
Serbia 214
seriously 24
serve 193
set meal 176
set the table 178
seven 277
seven minutes to six 253
seventeen 277
seventeenth 280
seventh 279
seventieth 281
seventy 278
shampoo 125
shape 267
sharp 253
shave 124
she 68
sheep 227
sheet 161
ship 224
shirt 52
shock 47
shoe 55
shoe shop 191
shoe store 191
shoot 97, 199
shop 190
shop assistant 155
shopping bag 192
shopping list 192
short 56
shoulder 19
show 183
shower 124
shut 120
sick 46
sickness 47
side 263
sidewalk 219
sign 94
silence 72
silver 232
simple 141
since 7, 258
since Monday 7, 258
sing 187
single 63
single room 209
singular 143
sink 224
sister 61
sit 127
six 277
sixteen 277
sixteenth 280
sixth 279
sixtieth 281
sixty 278
size 53
skirt 54
sky 241
sleep 40
sleeping bag 209
slice 166
slim 20
Slovakia 214
Slovenia 214
slow 199
smell 32
smile 28, 29
smoke 181
smooth 113
snack 177
snow 239
soap 6, 125
soccer 199
social 99
society 98
sock 55
soft 113
soil 231
sold out 193
soldier 96
solution 137
solve 137
some 272
somebody 273
someone 273
something 272
sometimes 259

son 60
song 187
soon 257
sound 32
soup 177
sour 164
South Africa 213
South America 212
space 240
Spain 214
Spanish 215
speak 70
speciality 177
specialty 177
speech 71
spell 143
spend 195
spicy 164
spoon 128
sport 196
spring 246
square 261, 267
staff 157
stage 184
stairs 121
stamp 149
star 241
start 200, 257
state 90, 91
station 221
stay 119
steak 169
steal 103
stereo 187
still 259
stink 33
stop 219, 222, 257
storm 238
story 185
stove 129
strawberry 168
street 218
streetcar 222
strike 159
student 135, 136
studies 136
studio 183
study 133
stupid 25
stupidity 25
subject 135, 201
subscription 153
subway 222
suddenly 225, 256
sugar 172
suggest 80
suggestion 81
suit 54
suitcase 207
summer 246
sun 241
Sunday 247
sunglasses 57
sunny 237
supermarket 191
supper 178
support 82, 83
suppose 33, 79
suppress 94
sure 38
surgery 50
surprise 27
survive 225
sweat 47
Sweden 214
Swedish 215
sweet 164, 172
sweetcorn 167
swim 199
swimming pool 199
swimming trunks 57
swimsuit 57
Swiss 215
Switzerland 214
synagogue 210
system 111

T

table 126
take 42, 258
take a bath 125
take off 56, 223
take off one's clothes 56
take pictures 201
tale 185
talk 70
tall 21
tap 128
taste 164
taxi 217
tea 173
teach 134
teacher 135
team 156
teaspoon 128
telephone 145
telephone number 145
television 151
tell 71
temperature 236
ten 277
tent 209
tenth 279
terrace 121
terrible 27
terrorist 97
test 141
text 143
Thank you! 76
That doesn't matter. 89
that is to say 83
theater 184
theatre 184
theft 103
their 69
then 256
there 262
they 68
thick 112
thin 21, 112
thing 35
think 30
think of 30
third 279
thirst 163
thirsty 163
thirteen 277
thirteenth 280
thirtieth 281
thirty 278
thousand 278
three 277
three o'clock
through 264
throw 199
thunderstorm 238
Thursday 247
ticket 220
tidy 131
tidy up 131
tight 56
time 243
timetable 135, 220
tip 175
tire 219
tired 40
title 185
to 85, 253, 262
today 254
together 68
toilet 123
tolerate 80
tomato 167
tomorrow 255
ton 275
tongue 18
tonight 251
tonne 275
too 43
tool 203
tooth 18
toothbrush 6, 124
toothpaste 6, 125
touch 32
tourism 207
tourist 207
towel 124
tower 211
town 261
track 221
trade union 158
traffic 216
traffic lights 219
train 137, 197, 221, 222
translate 143
translation 143
travel 207
travel agency 207
treat 49
treatment 48
tree 229
trial 102
triangle 267
trip 211
trouble 84
trousers 52
true 153
truth 153
try 37
try on 53
Tuesday 247
tuna 170
Turkey 215
turn 37
turn around 218
turn off 128
turn on 128
turnover 105
TV 151
twelfth 279
twelve 277
twentieth 280
twenty 277
twentyfirst 280

twenty-four 277
twentyfourth 280
twenty-one 277
twentysecond 280
twentythird 280
twenty-three 277
twenty-two 277
two 277
tyre 219

U

ugly 21
Ukraine 215
umbrella 54
uncle 62
unconscious 47
under 264
underground 222
understand 133
unemployed 157
unfaithful 65
unhappy 29
United States 212
universe 240
university 136
unjust 101
unpleasant 29
until 258
up 263
upstairs 263
USB stick 146
use 35, 219
useful 82
useless 83
usually 258

V

vacation 207
valid 208
veal 169
vegetable 167
verb 143
very 271
victim 103
victory 200
village 261
vinegar 170
violet 269
violin 189
visit 69, 210
voice 186

W

waiter 175
waitress 175
wake 40
wake up 40
wall 120
want 76
war 96
warm 237
warm up 165
warmth 237
wash 131
washing machine 130
watch 53
watch TV 151
water 234
wave 235
way 109
we 68
wealth 99
weapon 97
wear 57
weather 236
website 147
wedding 63
Wednesday 247
week 246
weekend 247
Welcome! 72
well 139
wet 238
What time is it? 253
What's the matter? 87
when 255
where 262
white 268
Whitsun 249
wide 56
widow 66
widower 66
wife 62
win 200
wind 238
window 120
wine 173
wing 169
winner 200
winter 246
with 179
without 179
witness 102
woman 14
wonder 30
wood 229
wool 227
word 143
work 110
work 155, 183
working day 247
workshop 113
world 204
worse 139
worst 139
worthwhile 107
Would you like to ...? 86
Would you please ...? 89
wound 47
wrist watch 53
write 161
wrong 138

Y

year 244
yellow 268
yes 75
Yes, please. 87
yesterday 255
you 68
You're welcome! 76
young 14
your 69
youth 13
youth hostel 209

Z

zero 277
zip code 149

BILDNACHWEIS

Adobe Stock, Dublin: **3.4** (Ralf Gosch); **7.2 ff.** (Jan Engel); **12** (herlanzer); **13.3** (Racle Fotodesign); **13.6**, **25.3** (Dron); **14.1** (photophonie); **14.5**, **20.2**, **26** (ArTo); **15.2** (DenisProduction.com); **15.3**, **106.1**, **149.1**, **173.1** (Gina Sanders); **21.1** (Katie Little); **23.7**, **36.2**, **251.3** (ARochau); **24.2**, **66.3** (auremar); **24.5** (Anatolii); **27.2**, **67.4** (Franz Pfluegl); **27.3** (G.Light); **27.5** (Naj); **28.4** (Sam Edwards/KOTO); **29.5**, **65**, **93**, **101**, **139**, **143**, **145**, **215** (picsfive); **29.4** (suksamranpix); **30.5** (grafikkollektiv); **30.6** (rico287); **31.1**, **99.1** (Vladimir Mucibabic); **32.2** (Bergringfoto); **37.6** (Andreas P); **38.5**, **178.2** (Kadmy); **40.2** (velirina); **40.3** (benik.at); **41.2** (bella); **42.1** (Sergii Mostovyi); **42.2** (Wollwerth Imagery); **43.1** (master1305); **43.4** (EdNurg); **45.2** (Andrei Korzhyts); **45.4** (drubig-photo); **45.6** (Sean Gladwell); **45.8** (AVAVA); **47.2** (djoronimo); **47.3** (Tatyana); **49.2** (Markus Mainka); **50.2** (Udo Kroener); **50.4** (ISO K Medien GmbH); **50.6**, **160.3** (Peter Atkins); **56.3** (Domforstock); **62.3** (lightpoet); **63.2** (Rawpixel.com); **64.2** (Sven Roethig); **64.3** (Blaumeise); **64.4** (LIGHTFIELD STUDIOS); **64.5** (Ramona Smiers); **65.5** (theartofphoto); **66.4** (michaeljung); **67.2** (JackF); **68.3** (refresh(PIX)); **68.5** (Zooropa); **68.8**, **180.2** (Scott Griessel); **71.1**, **117.4** (Patrizia Tilly); **72.1** (redhorst); **72.5** (A.Rein.); **74.3**, **80.4**, **80.5** (Robert Kneschke); **74.5** (Berchtesgaden); **76.2** (Yakobchuk Olena); **76.3** (Tatsiana); **79.7**, **247.3** (Kzenon); **80.1** (styf); **82.2** (MAK); **83.2**, **105.6** (Eisenhans); **83.7** (Daniel Hohlfeld); **85.3** (Glaser); **87.3** (Sergey Novikov); **91.3** (cmfotoworks); **93.3**, **133.5**, **253.2** (Jürgen Fälchle); **95.1** (Harry Marx); **99.5** (andyh12); **100.1** (Sergej Koschevoj); **101.2** (nickolae); **102.3** (jonbilous); **103.1** (Yay Images); **105.2** (Dan Race); **106.2** (forestpath); **107.1** (Guido); **107.3** (Jürgen Fälchle); **118.3** (Visual Intermezzo); **124.3** (Dirima); **125.4** (Piotr Marcinski); **127.6** (RTimages); **130.3** (Gabi Moisa); **131.3** (Visions-AD); **133.4** (Christian Schwier); **135.3** (Sven Bähren); **136.4** (Drobot Dean); **138.3** (diego cervo); **146.2** (Patryk Kosmider); **149.2** (Jean-Pierre); **150.1** (highwaystarz); **155.3** (fotogestoeber); **155.4** (Minerva Studio); **156.1** (Darwis); **156.4** (Kitty); **157.1**, **234.2** (Günter Menzl); **158.3** (pizuttipics); **163.7** (W. Heiber Fotostudio); **165.2** (Jiri Miklo); **165.5** (yamix); **166.4** (kab-vision); **169.6** (ykordik); **172.1** (IrisArt); **172.2** (liveostockimages); **175.4** (Pixelbliss); **176.3** (emmi); **180.1**, **210.6** (Tom Bayer); **184.2** (shoot4u); **191.2** (Mimi Potter); **191.3** (Maurizio Milanesio); **193.3** (Andy Nowack); **197.5**, **227.3** (gandolf); **198.1** (.shock); **198.2** (Freefly); **198.5** (Galina Barskaya); **199.1** (Dudarev Mikhail); **199.3** (Kirill Zdorov); **199.4** (carmeta); **201.2** (Lovrencg); **203.1** (pics); **207.2** (Tatjana Balzer); **210.2** (peisker); **215.4** (mstein); **217.1** (Victimy); **217.6** (Frank-Peter Funke); **218.3** (Katalin); **218.6** (DOC RABE Media); **220.5** (#CNF); **222.5** (s4svisuals); **227.4** (Nadine Haase); **229.2** (grafikplusfoto); **236.1** (athapet); **238.7** (PANORAMO); **239.4** (Daniel Strauch); **245.9** (frenta); **246.5** (2xSamara.com); **252.6** (Ekaterina Belova); **255.4** (Tatiana Morozova); **256.4** (chesterF); **256.5** (pwmotion); **258.4** (Himmelssturm); **259.3** (Elnur); **261.2** (ErnstPieber); **264.1** (Damblon Dimitri); **264.4** (M. Siegmund); **265.2** (Netzer Johannes); **265.3** (steffenw); **265.5** (WavebreakMediaMicro); **268.6** (Paul Orr); **279**, **280** (ventura); **Getty Images, München:** **4.2**, **7.3**, **282** (tiero); **5**, **32.1**, **33.3** (Stockbyte); **13.1**, **35.1** (BananaStock); **13.4** (Dean Mitchell); **14.4** (Digital Vision); **15.5** (R-DESIGN); **15.6** (LanceB); **20.3** (ninjaMonkeyStudio); **21.3** (EmirMemedovski); **23.5** (alexemanuel); **24.4** (barisurunlu); **25.4** (IpekMorel); **27.1** (kraphix); **27.4**, **27.7** (drbimages); **27.6** (mabe123); **28.2** (Polka Dot RF); **28.5** (cornecoba); **29.1** (James Woodson); **29.3**, **62.6**, **89.2**, **125.1**, **191.5** (Jupiterimages); **30.2**, **54.8**, **180.4** (Goodshoot); **31.2**, **224.2** (Image Source); **32.5** (timnewman); **33.2**, **136.1** (Gizmo); **33.4** (enviromantic); **34**, **54.6**, **77.1**, **238.3** (Michael Blann); **35.3**, **110.3** (Zoonar RF); **37.3** (Lisa-Blue); **38.1** (Wavebreakmedia Ltd); **41.1** (Nickos); **41.4** (yurok); **42.5** (shironosov); **44** (nullplus); **45.3** (Siri Stafford); **45.7** (Ingram Publishing); **46.7** (pijama61); **49.7** (Otti38); **62.2** (Creatas Images); **63.4** (ASphotowed); **66.5**, **149.4** (Creatas); **73.2** (mediaphotos); **74.2** (gemenacom); **77.8** (Jeremy Poland); **79.2** (PhotoObjects.net); **79.6** (bogdanivan); **80.6** (ferrantraite); **81.1** (Hill Street Studios); **85.1** (eurobanks); **91.4** (paulprescott72); **92.3** (kparis); **95.2** (paulshark); **95.5** (Digital Vision.); **97.8** (captblack76); **117.7** (NickyLloyd); **131.5** (Nick Dolding); **135.5** (alacatr); **137.4** (AlesVeluscek); **151.1** (Sashkinw); **157.3** (alvarez); **158.2** (Sandralise); **164.3** (Yurii Kushniruk); **172.3** (Bildvision_AB); **179.3** (ta damichi); **179.4** (tadamichi); **182.1** (-oqlpo-); **185.4** (msderrick); **197.3** (JPeragine); **199.2** (tatsi); **201.5** (Urilux); **202.2** (GoodLifeStudio); **208.2** (Juan Silva); **210.5** (TokioMarineLife); **211.3** (miralex); **219.5** (Ryan McVay); **225.5** (pomphotomine); **228.1** (powerofforever); **228.2** (Prachanda Rawal); **239.1** (Dreef); **255.5** (Thomas Northcut); **257.5** (AlxeyPnferov); **260** (diegograndi); **268.2** (AYakovlev); **273.3** (sodapix); **Gettyimages:** **13.5** (Image Source); **PONS Archiv, Stuttgart:** **38.2**, **146.1**, **161.4** (Pons Archiv); **Shutterstock, New York:** **U1** (Dean Drobot); **3.1**, **10**, **11** (serg_dibrova); **3.2**, **114**, **115**, **68.4** (pio3); **3.3**, **58**, **59** (MJTH); **4.1**, **204**, **205** (Oleg Znamenskiy); **4.3**, **242**, **243** (sdecoret); **6.1**, **124.2** (Andrey Chmelyov); **6.2**, **125.5** (Voyagerix); **6.3 ff.** (Picsfive); **6.4**, **41.3** (Rob Hainer); **7.1**, **258.1** (HitToon); **7.4**, **131.1** (Frenzel); **13.2** (Pentium5); **13.7** (Artem Furman); **14.2**, **63.1** (Nomad_Soul); **14.3**, **24.3**, **82.5**, **258.6**, **278.14** (Diego Cervo); **15.1**, **48.2**, **124.4** (Oksana Kuzmina); **15.4**, **77.7**, **87.1**, **88.2**, **119.4** (Photographee.eu); **17.2** (Subbotina Anna); **17.3** (Tinydevil); **17.4** (Ron Leishman); **18.1**, **249.3** (Ivan_Nikulin); **18.2**, **19.1** (Mauro Carli); **18.3** (alexandru UsPhoto); **18.4** (Ander5); **20.1** (Kletr); **20.4** (RimDream); **21.2** (Tinny Photo); **21.4** (rui vale sousa); **21.5**, **267.3** (Kiselev Andrey Valerevich); **21.6**, **31.3**, **33.5**, **36.1**, **39.2**, **42.6**, **47.7**, **49.1**, **51.1**, **54.1**, **57.4**, **65.1**, **69.4**, **74.1**, **75.4**, **77.3**, **79.4**, **81.2**, **96.1**, **97.7**, **102.4**, **105.5**, **109.3**, **111.2**, **130.2**, **131.2**, **132**, **135.6**, **138.4**, **145.5**, **148.1**, **152.1**, **156.2**, **158.1**, **164.4**, **166.7**, **175.1**, **177.1**, **181.1**, **185.1**, **186.1**, **188.2**, **192.4**, **195.1**, **200.2**, **207.6**, **218.4**, **220.1**, **221.2**, **223.3**, **225.3**, **238.4**, **253.3**, **257.6**, **259.2**, **262.4**, **273.1** (Everett Collection); **22**, **256.8** (Volodymyr Baleha); **23.1** (MANDY GODBEHEAR); **23.2**, **94.3** (Maryna Pleshkun); **23.3**, **99.4** (Nejron Photo); **23.4** (Canon Boy); **23.6**, **69.1**, **137.1**, **137.2**, **178.1**, **185.2**, **194.3**, **252.1**, **281.1** (wavebreakmedia); **24.1** (anna karwowska); **24.6** (Lana K); **25.1** (Leah-Anne Thompson); **25.2** (Chad Zuber); **25.5** (Helder Almeida); **25.6** (MCarper); **27.8**, **265.1** (Ppictures); **28.1** (iordani); **28.3** (amophoto_au); **28.6**, **63.3**, **83.5**, **103.3** (CREATISTA); **29.2** (Andrei Mayatnik); **30.1**, **92.4**, **94.5** (Pressmaster); **30.3** (Paul Vasarhelyi); **30.4**, **201.3** (rad fx); **31.4**, **250.1** (Andrey Yurlov); **32.3** (Oksana Mizina); **32.4** (vivairina1); **32.6** (Lopolo); **32.7** (Images by Dr. Alan Lipkin); **32.8** (Vitalinka); **33.1** (Vanoa2); **33.6**, **145.2** (Stokkete); **35.2**, **127.3** (Fer Gregory); **35.5** (ChicagoStockPhotography); **35.6** (GoDog Photo);

35.7 (White Space Illustrations); **36.3** (Straight 8 Photography); **36.4, 109.1** (Jacob Lund); **37.1** (Galyna Andrushko); **37.2** (nata-lunata); **37.4** (maradon 333); **37.5** (Maryna Kulchytska); **37.7, 151.2** (Brocreative); **38.3** (Feng Yu); **38.4, 150.4** (TaLyDes); **39.1** (Birute Vijeikiene); **39.3** (Purino); **39.4** (Andrey_Popov); **39.5** (Andrey_Kuzmin); **40.1** (Phovoir); **40.4, 239.3** (Nagel Photography); **40.5** (Monster e); **40.6** (FotoAndalucia); **42.3, 97.5** (Malchev); **43.2, 92.5, 150.3** (Sergey Nivens); **43.3, 134.4, 154.1, 165.7, 172.7, 192.3** (Pavel L Photo and Video); **43.5** (Mehmet Dilsiz); **43.6, 143.3** (Ewa Studio); **45.1** (realpeople); **45.5, 73.1** (Kaspars Grinvalds); **46.1, 127.2** (Elisanth); **46.2** (Irina Borsuchenko); **46.3** (SciePro); **46.4** (alphaspirit); **46.5, 54.7** (ArtFamily); **46.6** (Evgeniya Krutova); **47.1, 91.1, 101.5, 217.5** (sirtravelalot); **47.4** (Rades); **47.5** (ANURAK PONGPATIMET); **48.1, 153.4** (Gemenacom); **48.3** (Burlingham); **48.4, 106.3, 192.5, 207.3** (Syda Productions); **49.3** (ByEmo); **49.4** (Chaikom); **49.5, 187.5** (sima); **49.6, 109.5, 138.5, 157.4** (Lisa F. Young); **50.1** (Jenoche); **50.3** (TORWAISTUDIO); **50.5** (Samot); **50.7** (Alan Poulson Photography); **51.2** (Dima Gorohow); **51.3** (Khamidulin Sergey); **51.4** (Danilovski); **51.5, 143.2** (Olesia Bilkei); **52, 53.1** (FashionStock.com); **53.2, 278.10** (Lisa-S); **53.3** (Alexandru Marian); **53.4** (greenland); **54.2** (Valery Sidelnykov); **54.3** (R. Fassbind); **54.4, 94.6** (Lucky Business); **54.5, 61.2** (Iakov Filimonov); **54.9** (George Mayer); **55, 86** (NinaMalyna); **56.1** (sportpoint); **56.2** (Maryia Naidzionysheva); **56.4** (Olga Bogdanova); **56.5** (Kuznetcov_Konstantin); **57.1, 65.4, 70, 191.4, 272.3, 281.2, 281.3** (Monkey Business Images); **57.2** (Eugenio Marongiu); **57.3, 166.1, 172.4** (Africa Studio); **60, 61.1** (KPG_Payless); **61.3** (Alessandro de Leo); **62.1** (oliveromg); **62.4** (Tomsickova Tatyana); **62.5, 97.1** (Air Images); **62.7** (VP Photo Studio); **64.1** (rangizzz); **65.2** (Pigprox); **65.6** (dezy); **66.1, 125.2, 198.4, 231.8, 252.7** (Lapina); **66.2** (Clive Chilvers); **66.6, 84.4, 100.5, 101.4, 102.1, 161.2, 252.3** (ESB Professional); **67.1, 87.4, 89.4** (oneinchpunch); **67.3** (Jez Bennett); **16, 17.1** (ArtOfPhotos); **68.2, 96.4, 159.2, 223.4** (Vasilyev Alexandr); **68.6** (siamionau pavel); **68.7** (alexandre zveiger); **69.2, 105.1, 162, 247.4** (Rawpixel.com); **69.3, 100.4** (ChameleonsEye); **69.5, 157.2** (Poznyakov); **71.2** (Pikoso.kz); **71.3** (Andrey Armyagov); **71.4, 275.4** (Krakenimages.com); **71.5** (Tatiana Makotra); **71.6** (Ilaszlo); **71.7** (InnaFelker); **72.2** (Elena Rostunova); **72.3** (Ozgur Coskun); **72.4** (Asier Romero); **72.6** (siro46); **73.3** (solominviktor); **73.4, 133.2, 187.6, 275.1** (Dragon Images); **74.6, 207.5, 220.6** (Antonio Guillem); **74.7** (BoxerX); **75.1** (G-Stock Studio); **75.2** (focal point); **75.3** (okab); **75.5** (funkyfrogstock); **76.1** (Sebastian Gauert); **76.4** (Paolo Bona); **77.2** (Andrea Danti); **77.4** (DG Stock); **77.5** (Maria Starus); **78** (Petra Christen); **79.1** (file404); **79.3** (fakezzz); **79.5** (Jason Stitt); **80.2** (DenisNata); **80.3** (Tania Kolinko); **80.7** (Laborant); **81.3** (Jeroen van den Broek); **82.1** (logoboom); **82.3, 177.3, 178.3** (Dmitry Kalinovsky); **82.4** (Song_about_summer); **82.6** (Darren Baker); **83.1, 88.6** (mangostock); **83.3, 262.3** (Ermolaev Alexander); **83.4, 140.1, 254.1** (Matej Kastelic); **83.6** (pathdoc); **84.1** (ThamKC); **84.2, 120.1, 148.2, 153.2, 192.1, 208.3, 232.2, 259.1** (Ollyy); **84.3** (blocberry); **84.5** (VGstockstudio); **84.6** (WaiveFamisoCZ); **84.7** (inxti); **84.8** (Elnur); **85.2** (Ellina Balioz); **85.4** (Perutskyi Petro); **87.2** (Denise Andersen); **87.5** (photomak); **87.6** (Andrey Arkusha); **87.7** (Ezume Images); **88.1** (gpointstudio); **88.3** (Studio_G); **88.4** (2happy); **88.5** (Stas Ponomarencko); **89.1** (Eugene Partyzan); **89.3** (curtis); **89.5** (Ramon Carretero); **89.6** (Liudmila P. Sundikova); **89.7, 133.1, 160.4** (XiXinXing); **90** (ArtisticPhoto); **91.2** (Peter Wey); **91.5** (Smit); **91.7** (Sofiaworld); **92.1** (Viacheslav Lopatin); **92.2** (critterbiz); **92.7** (J Walters); **93.1** (windmoon); **93.2** (Stefano Buttafoco); **93.4** (Mauvries); **94.1** (Axel Bueckert); **94.2** (Featureflash Photo Agency); **94.4** (Dasha Petrenko); **94.7** (Imagewell); **95.3** (Zoran Karapancev); **95.4** (Vectorfair.com); **96.2** (WaitForLight); **96.3** (Claire Slingerland); **97.2** (Pim Leijen); **97.3, 145.1** (Yuganov Konstantin); **97.4** (Carolina K. Smith MD); **97.6** (mrcmos); **97.9** (Blaj Gabriel); **98.1** (e X p o s e); **99.2** (Tom Kuest – Fotograf); **99.3** (Jan S.); **99.6** (Concept Photo); **100.2** (mountainpix); **101.1** (Sergey Uryadnikov); **101.3** (izzet ugutmen); **101.6** (Ryan Rodrick Beiler); **102.2, 262.1** (Hadrian); **103.2** (Michael Pettigrew); **103.4** (Andrei Shumskiy); **103.5** (Rafal Olechowski); **104** (Nataliya Hora); **105.3** (ZGPhotography); **105.4** (Brian A Jackson); **106.4** (Svittlana); **107.2** (wk1003mike); **107.4** (CandyBox Images); **107.5, 140.4** (bibiphoto); **108.1** (B Brown); **108.2** (Studio 37); **108.3** (Bildagentur Zoonar GmbH); **109.2** (jukgrapong); **109.4** (MaxyM); **110.1** (fotografos); **110.2, 211.2** (ChiccoDodiFC); **110.4** (Hamik); **111.1, 241.6** (Castleski); **111.3** (Michael Potter11); **111.4** (Jurik Peter); **111.5** (Tonographer); **111.6** (Len44ik); **112.1** (Lightspring); **112.2** (Iconic Bestiary); **112.3** (solarseven); **112.4** (Rustamir); **113.1** (Pepsco Studio); **113.2** (Lubos Chlubny); **113.3** (Tanis Saucier); **113.4** (KN); **116** (RoongsaK); **117.1** (Yauhen Paleski); **117.2** (Gaspar Janos); **117.3** (pcruciatti); **117.5** (zoff); **117.6, 234.3** (Tomacco); **118.1** (aliisik); **118.2** (Carlos Amarillo); **118.4, 167.1** (Adisa); **118.5** (txking); **119.1** (Christoph Herold); **119.2, 221.1** (travelview); **119.3** (except_else); **120.2** (SusaZoom); **120.3** (Kuttelvaserova Stuchelova); **120.4** (blackboard1965); **120.5** (gemphoto); **120.6** (manzrussali); **120.7** (kryzhov); **121.1** (TunedIn by Westend61); **121.2** (S-F); **121.3** (scantaur); **121.4** (venimo); **121.5** (Christian Delbert); **121.6** (Anton Havelaar); **122, 123.1** (3000ad); **122, 123.1** (Hal_P); **124.1** (Artazum); **124.5** (275847); **125.3** (Bona_natty); **126, 127.1** (Kotomiti Okuma); **127.4, 180.5** (David Pereiras); **127.5** (Veda J Gonzalez); **128.1** (PozitivStudija); **128.3, 129.3** (Camilo Torres); **128.2** (Stefano Garau); **129.1, 231.3, 241.2** (Triff); **129.2** (Friends Stock); **129.4** (Citrina); **129.5** (Dmitry Naumov); **130.1** (Evgeny Atamanenko); **130.4** (Mazur Travel); **131.4, 143.6** (Cameron Whitman); **133.6** (Madua); **133.7** (Twin Design); **134.1** (Robert Kneschke); **134.2** (Roy Pedersen); **134.3, 183.4** (Adriano Castelli); **135.1** (Kruglov_Orda); **135.2** (steve estvanik); **135.4** (Jeanne McRight); **136.2** (karelnoppe); **136.3** (di Bronzino); **137.3** (kwanchai.c); **137.5** (Melinda Nagy); **137.6** (Idealphotographer); **138.1** (jorgen mcleman); **138.2** (Gerald Bernard); **138.6** (ZouZou); **139.1** (goodluz); **139.2** (Sabphoto); **139.3** (supercat); **139.4** (FOOD_PHOTOGRAPHY); **140.2** (dotshock); **140.3** (jianbing Lee); **141.1** (Songsak Pandet); **141.2** (Yukiakari); **141.3** (motorolka); **141.5** (conrado); **142** (rtbilder); **143.1** (Ilya Andriyanov); **143.4** (photolike); **143.5** (Stephen Orsillo); **143.7** (SasinTipchai); **144** (kudla); **145.3** (Sergey Mironov); **146.3** (travelfoto); **147.1** (NWM); **147.2** (Izf); **147.3** (Tinxi); **147.4** (Dave Clark Digital Photo); **147.5** (ILYA AKINSHIN); **148.3** (V. Ben); **149.3** (Sergey Ryzhov); **149.5, 245.4** (BlueOrange Studio); **149.6** (Chokniti Khongchum); **150.2** (gyn9037); **151.3** (arogant); **152.2** (Microgen); **152.3, 249.4** (Sue McDonald); **153.1** (nevenm); **153.3** (Voronin76); **153.5** (Matt

Antonino); **153.6, 171.4** (stockfour); **153.7** (iofoto); **155.1** (Anna Demianenko); **155.2** (TFoxFoto); **155.5** (Sorbis); **155.6** (van_Nikulin); **155.7, 221.3, 245.2** (l i g h t p o e t); **156.3** (Konstantin Chagin); **156.5, 199.5** (matimix); **157.5** (Freeman Studio); **158.4** (flashgun); **159.1** (SFC); **159.3** (Bashigo); **159.4** (Slatan); **160.1** (Eimantas Buzas); **160.2** (MSharova); **161.1** (Creativa Images); **161.3** (Guillem Calatrava); **161.5** (werny); **163.1, 266.1** (Natalia Deriabina); **163.2** (InsectWorld); **163.3** (WOLF AVNI); **163.4** (Denis Burdin); **163.6** (Martin Gaal); **164.1** (Frank Chang); **164.2** (Denisov Dmitry); **165.1** (Denis Kichatof); **165.3** (bogdanhoda); **165.4** (Vladimir Nenezic); **166.2** (Lilly Trott); **166.3** (Rachata Teyparsit); **166.5** (Thomas M Perkins); **167.2** (Evgeny Karandaev); **167.3** (yevgeniy11); **167.4** (3523studio); **168.1** (nmedia); **168.2** (freya-photographer); **168.3** (Massimiliano Pieraccini); **168.4** (Svekrova Olga); **169.1** (Alexander Raths); **169.2** (Jka); **169.3** (Natasha Breen); **169.4** (stockcreations); **169.7** (Dalibor Sevaljevic); **170.1** (Gua); **170.2** (zixian); **170.3** (Ensuper); **170.4** (Gilmanshin); **170.5** (ben bryant); **171.1, 184.3, 207.1, 275.6** (Kzenon); **171.2** (monofaction); **171.3** (vichni); **171.5** (Dmitry Elagin); **171.6, 261.4** (Botond Horvath); **172.6** (Tsuguliev); **173.2, 209.1** (Edler von Rabenstein); **173.3, 187.3** (Federico Rostagno); **173.4** (Eskymaks); **173.5** (Sergej Cash); **173.6** (Image Point Fr); **173.7** (Billion Photos); **173.8** (Sundraw Photography); **174.1** (Denizo71); **175.2** (True Touch Lifestyle); **175.3** (Rommel Canlas); **175.5** (Jaros); **175.6** (Efired); **176.1** (Yulia Grigoryeva); **176.2** (Olesya Kuznetsova); **176.4, 223.1** (Romrodphoto); **177.2, 258.7** (javarman); **177.4** (Shaiith); **178.4** (Jack Frog); **178.5** (Mirelle); **179.1** (Mike Pellinni); **179.2** (Dmitriy Bryndin); **180.3** (Petrenko Andriy); **180.6** (Sean Locke Photography); **180.7** (drawkman); **181.2** (Gergely Zsolnai); **183.1** (Irina Mosina); **183.2** (Geoff Goldswain); **183.3** (phloxii); **183.5, 270.1** (andersphoto); **184.1** (Jack.Q); **185.3** (Diana Hlevnjak); **185.5** (Ondrej Prosicky); **186.2, 274.3** (SpeedKingz); **186.3** (Olga Visavi); **186.4** (testing); **187.1, 272.4** (Yayayoyo); **187.2** (Alexey Laputin); **187.4** (PrinceOfLove); **188.1** (erebnora); **188.3** (TDC Photography); **188.4** (digitalreflections); **188.5** (Terrence Meehan); **189.1** (Sodel Vladyslav); **189.2** (Fidel); **189.3** (MZPHOTO.CZ); **190.1** (Oscity); **191.1, 193.5, 271.4** (Radiokafka); **192.2** (lkpro); **193.1** (Free Belarus); **193.2** (nikkytok); **193.4** (Vilius Steponenas); **194.1** (gnohz); **194.2** (AS Inc); **194.4** (Asianet-Pakistan); **195.2** (Pincasso); **195.3** (cunaplus); **195.4** (MikeDotta); **196.1** (Sergey Peterman); **197.1** (Renars Jurkovskis); **197.2** (Nestor Rizhniak); **197.4** (ARKHIPOV ALEKSEY); **198.6** (Tereshchenko Dmitry); **199.7** (PremiumVector); **199.8** (Denis Moskvinov); **200.1** (Prometheus72); **200.3** (Stefan Holm); **200.4** (zeljkodan); **200.5** (360b); **201.1, 273.7** (Ververidis Vasilis); **201.4** (Iryna Rasko); **202.1** (Helen Bloom); **202.3** (Comaniciu Dan); **202.4** (ajt); **202.5** (emin kuliyev); **203.2** (AlohaHawaii); **203.3** (Dainis); **203.4** (dean bertoncelj); **203.5** (PichetSupavet); **206.1** (Konstantin Zaykov); **207.4** (Kuz';min Pavel); **207.7** (lightwavemedia); **208.1** (donvictorio); **209.2** (MPH Photos); **209.3** (DoublePHOTO studio); **209.4** (Ronald Sumners); **210.1, 245.6** (withGod); **210.3** (Shchipkova Elena); **210.4** (GoneWithTheWind); **210.7** (leonardo2011); **211.1** (Jacek Chabraszewski); **211.4** (Sergejus Lamanosovas); **212, 213** (OleDavi); **214, 215.1** (Bardocz Peter); **215.2** (zkruger); **215.3** (IriGri); **215.5** (etorres); **216.1** (Pumidol); **217.2** (AlgizUral); **217.3** (Kamira); **217.4** (Lian Deng); **218.1** (littlenySTOCK); **218.2** (Taweesak Inmek); **218.5** (Stephan Guarch); **219.1** (Daxiao Productions); **219.2** (Jamie Wilson); **219.3** (James Steidl); **219.4, 237.5** (Art Konovalov); **220.2** (Konstantin Tronin); **220.3** (AKaiser); **220.4** (Steve Photography); **220.7** (happystock); **222.1** (joyfull); **222.2** (mkant); **222.3** (Ellagrin); **223.2** (Kartouchken); **223.5** (potowizard); **223.6** (PhaiApirom); **224.1** (Angela N Perryman); **224.3** (oksana.perkins); **225.1** (Peter Zijlstra); **225.2** (Ben Carlson); **226.1** (Surkov Vladimir); **227.1** (Christian Musat); **227.2** (nik187); **227.5** (Maciej Czekajewski); **227.6** (Baronb); **227.7** (Rasstock); **228.3** (MaraZe); **228.4** (Doremi); **228.5** (AlexMaster); **228.6** (Maxim Ahner); **228.7, 246.6** (jan kranendonk); **229.1** (SergeyIT); **229.3** (Gilles Paire); **229.4** (Scorpp); **229.5** (feilzy); **230.1** (aphotostory); **231.1** (Mascha Tace); **231.2** (Valentina Razumova); **231.4** (Ruslan Iefremov); **231.5** (Chones); **231.6** (Styve Reineck); **231.7** (PavleMarjanovic); **232.1** (Enzojz); **232.3** (VikOl); **232.4** (Marso); **232.5** (Fotoluminate LLC); **232.6** (Bernd Schmidt); **233.1** (Sadik Gulec); **233.2** (Patrick Poendl); **233.3** (Akawath); **233.4** (Dave Allen Photography); **233.5** (iacomino FRiMAGES); **234.1** (lehvis); **234.4** (waldru); **234.5** (Aleksandar Todorovic); **235.1** (Juliann); **235.2** (AQ_taro_neo); **235.3** (Isabelle Kuehn); **236.2** (FloridaStock); **236.3** (jurra8); **237.1** (kuzsvetlaya); **237.2** (debr22pics); **237.3** (NikD90); **237.4** (MyImages – Micha); **238.1** (Atstock Productions); **238.2** (benik.at); **238.5** (Ralf Maassen (DTEurope)); **238.6** (Catalinka); **239.2** (Dustie); **240.1** (Aphelleon); **241.1** (Ivan Cholakov); **241.3** (LuminatePhotos by judith); **241.4** (littlesam); **241.5** (Tupungato); **241.7** (Vadim Sadovski); **244** (Kertu); **245.1** (Nickolya); **245.3** (Irina Fischer); **245.5** (dba duplessis); **245.7** (Maridav); **245.8** (Javier Brosch); **245.10** (Golitsynsky); **245.11** (CroMary); **245.12** (Ricardo Reitmeyer); **246.1, 246.2, 246.3, 246.4** (mekcar); **246.7** (adriaticfoto); **247.2** (Hrecheniuk Oleksii); **248.1** (Sergey Novikov); **248.2** (Wallenrock); **248.3** (Sarah Jane Taylor); **248.4** (Chris Contos); **249.1** (Migel); **249.2** (josinadewit); **251.1** (Spiroview Inc); **251.2** (katalinks); **251.4** (antoninaart); **252.2** (optimarc); **252.4** (Alena TS); **252.5** (Igor Bulgarin); **253.1** (Anastasia Bulanova); **255.1** (Maria Zamuriy); **255.2** (Marie C Fields); **255.3** (giulia186); **255.6** (Nor Gal); **255.7** (triocean); **255.8** (goodmoments); **256.1, 256.2, 256.3** (Pavel_Markevych); **256.6** (Ekaterina Pokrovsky); **256.7** (Lysogor Roman); **257.1** (ClimbWhenReady); **257.2** (Vaclav Volrab); **257.3** (pixelheadphoto digitalskillet); **257.4** (ChickenStock Images); **258.3** (Georgy Markov); **258.5** (tommaso lizzul); **258.8** (ziviani); **261.1** (Leonid Andronov); **261.3** (zhu difeng); **261.5** (IM_photo); **261.6** (Paolo Gallo); **262.2** (MNStudio); **262.5** (stable); **263.1** (Nuttawut Uttamaharad); **263.2** (anetapics); **263.3** (Artush); **263.4** (S1001); **263.5** (Marinka Alisen); **264.2** (Audrey Snider-Bell); **264.3** (robert paul van beets); **264.5** (Frank11); **267.1** (Ron Ellis); **267.2** (Bignai); **267.4** (ermess); **267.5** (Gustavo Frazao); **267.6** (RossHelen); **268.1** (Nataliya Turpitko); **268.3** (Stefano Pellicciari); **268.4** (yggdrasill); **268.5** (DONOT6_STUDIO); **269.1** (Jag_cz); **269.2** (Jasmine_K); **269.3** (kaband); **271.1** (Mira Arnaudova); **271.2** (Max Herman); **271.3** (Evan Lorne); **271.5** (Kues); **272.1** (Milosz Maslanka); **273.4** (motuwe); **273.5** (Misha Beliy); **273.6** (Ariwasabi); **274.1** (mama_mia); **274.2** (gmstockstudio); **274.4** (Niran Phonruang); **274.5** (Ivan Smuk); **275.2** (luigi nifosi); **275.3** (BGSmith); **275.5** (Inga Locmele); **276.1** (Dmitry Argunov); **277, 277, 278** (defotoberg); **277.1** (Imran Khan Photography); **278.9** (Mike Flippo); **278.11** (Ryan M. Bolton); **278.12** (kan Sangtong); **278.13** (Rahhal); **281.4** (AboutLife); **281.5** (IKO-studio); **281.6** (belushi); **281.7** (Kristo-Gothard Hunor); **281.8** (Claudia Paulussen)